JN035308

蟹瀬 智弘
Tomohiro Kanise

NCR2018の要点解説

資源の記述のための目録規則

樹村房

序
『日本目録規則 2018 年版』はなぜわかりにくいのか

『日本目録規則 2018 年版』（以下 NCR2018 と表記します）は予備知識や技術的な背景なしにこれだけを読んで目録を作成するためのものではありませんし，規則の内容自体は難しくはないにもかかわらず，一見したところ難しく感じられることがあります。その理由としては以下のことが挙げられます。

「著作」「表現形」「体現形」「個別資料」

これまで使われてきた『日本目録規則 1987 年版』（以下 NCR1987）は章のタイトルが「図書」「書写資料」「地図資料」等となっていて，目録規則を初めて見る人でも特定の資料の規則を知りたい場合にどこを見ればよいかの見当が付けられました。しかし NCR2018 の目次を見ると「著作」「表現形」「体現形」「個別資料」等に分かれていて，どこにどのような規則が書かれているのか想像が付かないため，一見すると難しそうに思えます。しかしこれは従来一枚のカードに記録してきた情報を，この四つの部分に分けて考えようという考え方の枠組みの現れであり，実際に記録する情報自体はそれほど大きく変わっていません。四つの部分に分けて考えたうえで，従来のようにまとめて一つのデータを作成したり，一枚のカードに記述したりすることも可能です。

完成形のイメージが無い

NCR1987 は，基本的に目録カードを作成するための規則でした。

目録カードは記録したものがそのまま完成形であり，図書館員も利用者もそれを見て資料を探します。そのため目録規則に基づいて目録を作成すれば標準的な完成形ができあがるようになっていました。しかし現在では目録情報をコンピューターのデータベースで管理することが多くなっています。コンピューターではデータを入力する画面と表示する画面が異なるのが普通です。NCR2018 はコンピューターのデータを作成することを考えて，データを表示するレイアウトや方法は規定せず，入力する項目とそのデータの内容のみを規定しています。そのため規則の中では目録の完成形が提示されないので作業のイメージがつかみにくくなっています。

例が部分のみ

NCR1987 では目録カードに記録する際に，複数の情報をつなげて記録することがありました。例えば責任表示の例として「生命の解放␣：␣細胞から社会まで␣／␣チャールズ・バーチ，␣ジョン・B・コップ著␣；␣長野敬，␣川口啓明訳」のようにタイトルも含めた記述の仕方が記載されています（2.1.5.1D）ので，これを見ればタイトルと責任表示の記録がどのようなものになるのか一目瞭然です。しかし NCR2018 では個々の項目が独立したエレメント（要素）になりましたので，責任表示のみが，しかも役割ごとに別のエレメントとして「チャールズ・バーチ，ジョン・B・コップ著」「長野敬，川口啓明訳」のように細切れに例示されています。例示されている責任表示自体の情報には相違がないにもかかわらず，例を見てもどのようなデータを作成するのかがイメージしにくくなっています。

異なる資料種別の規則が混在している

規則は資料種別（資料の種類）によって分けられているのではなく，記録するエレメントごとにまとめられています。異なる資料種別の規則がまとめられているため，それぞれのエレメントの規則の分量が多くなっています。その中で特定の資料種別の規則が独立している項目もあれば，他の資料種別の規則と混在しているところもあります。そのため特定の資料の規則を知るためには必要な箇所を自分で取捨選択する必要があります。例えば「#5.22 所要時間」や「#5.23 尺度」という条項がありますが，これがどの資料に適用されるエレメントなのかは本文の規定を読まないとわかりません[1]。また，地図帳は冊子ですが，これの数量は「#2.17.1.1 冊子 1 冊の資料」ではなく（これは「テキストの数量」の規則です），「#2.17.3 地図資料の数量」の「#2.17.3.1 地図帳」を参照します。あるいは，「#2.8 非刊行物の制作表示」「#2.30 映画フィルムの映写特性」のように項目名に適用対象の資料種別が明示されているものもありますが，逐次刊行物の責任表示については「逐次刊行物の責任表示」のような項目はなく，「#2.2 責任表示」の「#2.2.0.4 記録の方法」の最後に，「逐次刊行物については，個人編者は，識別に重要な場合に限定して，責任表示として記録する。」とあるだけなので，本文を読まないと特別な規則があるかどうかを知ることができません。

他の条項を参照することが多い

NCR2018 では，共通する規則をまとめようとする意識が強く働

1：「所要時間」は録音資料や映像資料の再生時間以外にも，資料の実行，実演に要する時間も含まれます。また，「尺度」は地図，静止画，三次元資料に適用します。

いています。そのため，ある規則の中で別の条項を参照している箇所が多々あり，知りたい項目だけを見ても十分な規則を知ることができないことがあるため少々面倒に思うことがあります。

以上のような理由から，一見するとわかりにくく感じることがありますが，規則自体はそれほど難しいものではありません。本書がNCR2018を読み解く手がかりとなれば幸いです。

2023年7月31日

蟹瀬 智弘

目次

Ⅲ部　これまでの目録規則の考え方と NCR2018

〈図目次〉

〈表目次〉

◉本文中の URL はすべて 2023 年 8 月に確認しています。

本書の構成

本書ではⅠ部でNCR2018の概要を解説し，Ⅱ部で個々の規則を紹介していきます。Ⅱ部1章でそれぞれの実体ごと，2章で資料種別ごとに，記録する情報を解説していきます。解説する実体の順番はNCR2018とは異なり，個人のデータから始めます。アクセス・ポイントを構築したり，他の実体との関連を記録する規則を説明したりする際に，まだ説明していない規則を参照することを避けるためにはこの順番が合理的だと考えています。最後にⅢ部でこれまで使われてきたNCR1987がどのような目録規則だったのかを振り返り，どのようにNCR2018へと変わったのかを簡単にたどります。

NCR2018は「書誌レコードの機能要件（FRBR）」と呼ばれる概念モデルに基づいて考えられています。また，同じくFRBRに基づいて作成された目録規則である「RDA（資源の記述とアクセス）」に基づいて作成されたデータを相互に利用できるように考えられています。本書ではNCR2018のみを解説していきますが，これを理解するためにその背後にあるFRBRやRDAを参照することもあります。また，比較のためにNCR1987の規程に言及することもありますが，NCR2018を理解するためにはこれらの規則や概念モデルの知識はなくても問題ありません。

なお，本文中に“#2.1”のように“#”が付いている数字はNCR2018の章節番号を表します。

Ⅰ 部
『日本目録規則 2018 年版』の概要

1．資料のとらえ方

（1）著作・表現形・体現形・個別資料（第1グループ＝資料）

イギリスの作家ジェーン・オースティンに『高慢と偏見』という小説があります。野上豊一郎が大正15（1926）年に翻訳して以来，これまでに10人以上の訳者が翻訳しています。それでは一番新しく日本語に翻訳されたものはどれでしょうか。

国立国会図書館の蔵書が検索できるNDL ONLINEを使用して，詳細検索でタイトルとして「高慢と偏見」で検索してから表示を「出版年：新しい順」にしてみると，一番上に表示されるのは『オースティンの『高慢と偏見』を読んでみる：「婚活」マニュアルから「生きる」マニュアルへ』です。これは小説『高慢と偏見』そのものではありません。「高慢と偏見」というタイトルの資料を検索したつもりだったのですが，実際には“タイトルに「高慢と偏見」という語が含まれる”という条件で検索したために，『高慢と偏見』という小説そのものではないこの本もヒットしてしまいました。次に表示されているのは大島一彦訳『高慢と偏見（中公文庫；オ1-5)』です。出版年は2017年12月ですが，この図書は文庫版ですので，文庫化される前に単行本として刊行されていた可能性もあります。もしそうなら翻訳としては古いのかも知れません。そこで「著者標目」の「大島，一彦，1947-」の行の右端にある虫眼鏡のアイコン「著者標目でNDLオンラインを再検索する」をクリックしてこの訳者の資料を検索してみると，他には出版されていないようなので，この文庫版が最初のようです。タイトルで検索しただけではこのことはわかりません。というわけでこの大島一彦訳が最新のように思われます。

しかしじつはこれよりもさらに新しい翻訳が出版されています。あさ出版パートナーズから 2020 年に刊行されたパーカー敬子が訳したものです。この翻訳がなぜ最初の検索でヒットしなかったのかというと，この日本語版のタイトルが『誇りと偏見』だからです。この小説にはほかにも『自負と偏見』（中野好夫訳，小山太一訳）という日本語タイトルもあります。このように，同じ小説でも翻訳によってタイトルが異なることもありますし，内容が改訂されたときにタイトルが変更されることもあります。

これまで使用されてきた『日本目録規則 1987 年版』（以下 NCR1987 と表記します）では，資料の外見を重視してきました。資料の特定の場所に表示されているタイトルがその資料を探すためのタイトルとして扱われてきたため，内容が同じでも表示されているタイトルが異なると検索できませんし，検索した語がタイトルに含まれていれば内容が異なっていてもヒットします。そのため，同じ内容でも本のタイトルとして表示されているものが異なる場合には一回で確実に検索する方法がありませんでした。『高慢と偏見』のような翻訳本については NDL ONLINE や CiNii Books では原タイトルの「Pride and prejudice」からも検索できるようにシステムで対応していますが，すべての書誌データに原タイトルが記録されているわけではありませんし，少なくとも原タイトルから検索できるようにするという目録規則ではありませんでした。

『日本目録規則 2018 年版』（以下 NCR2018）では，今回のようにオースティンの『高慢と偏見』の日本語訳を検索する際に，日本語のタイトルが何であっても確実に検索できるように考えられています。

そのために，資料そのものについての情報を，本の内容に関する

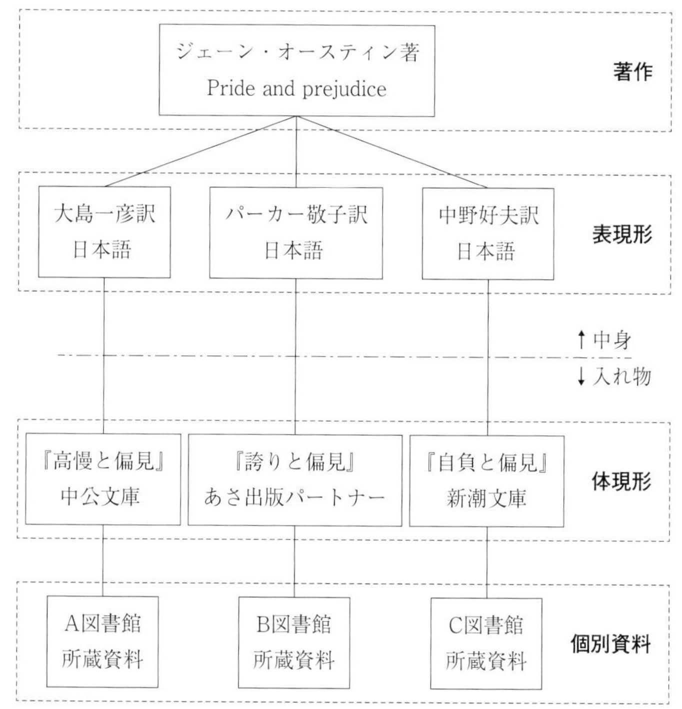

図1　NCR2018における資料のとらえ方（1）

情報と外見（入れ物）の情報とを区別して「著作」「表現形」「体現形」「個別資料」という四つの実体に分けて考えます（図1）。「著作」と「表現形」が内容で，「体現形」と「個別資料」が入れ物です。「実体」といっても現実に存在するものという意味ではなく，目録のデータの部分を指します。四つの実体に分けて考えることで，ジェーン・オースティンのPride and prejudiceという一つの小説が，異なる訳者によって異なる日本語のタイトルが付与されている状態がわかりやすく整理されます。この「著作」「表現形」「体現形」「個別資料」をまとめて第1グループまたは「資料」と呼ぶこともあります。

それぞれの定義は，著作は「個別の知的・芸術的創作の結果，すなわち，知的・芸術的内容を表す実体」，表現形は「文字による表記，記譜，運動譜，音声，画像，物，運動等の形式またはこれらの組み合わせによる著作の知的・芸術的実現を表す実体」，体現形は「著作の表現形を物理的に具体化したものを表す実体」，個別資料は「体現形の単一の例示を表す実体」となっています（#0.3.1）が，目録作業の際にこれらの実体を認識するのはこの逆方向です。つまり，手元にある1点の図書は個別資料で，同じ本が複数あったとすると，それらは同じ一つの体現形と捉えられます。この体現形の中に収録されているテキストが表現形で，表現形から言語や版の相違を取り除いたものが著作です。

なお，図1のように一つの著作が複数の表現形として実現されることはありますが，その逆に一つの表現形が複数の著作を実現することはありません。一つの表現形が実現する著作は一つだけです(FRBR 3.1.1)。したがって，著作が異なれば表現形も必ず別の表現形となります。

ところで，中野好夫訳は新潮文庫や『世界文学全集（14)』『世界文學大系（28)』（いずれも筑摩書房刊）などで読むことができます。同じ内容の翻訳が，いろいろな形態の図書として刊行されているのです。この場合は一つの表現形が異なる体現形として具体化されていると考えます。

さらに『世界文學大系（28)』は『オースティン　ブロンテ』というタイトル[1]が付けられていて，『自負と偏見』と一緒にE.ブロンテの『嵐が丘』も収録されています。異なる作品が一冊の図書に収められているのです。この場合は異なる表現形が一つの体現形に具体化されていると捉えます。先ほど一つの表現形が実現する著作は一つだけであると書きましたが，一つの体現形には複数の表現形が具体化されることがあるのです。また，一つの体現形は複数の個別資料として例示されるのが一般的ですが，一つの個別資料が例示するのは一つの体現形のみです。

これを先ほどの「著作」「表現形」「体現形」「個別資料」の四つの実体に分けて図にすると図2のようになります。同じ中野好夫訳の『自負と偏見』が異なる図書で読めることや，『オースティン　ブロンテ』というタイトルの図書の中に『自負と偏見』と『嵐が丘』が収められていることを表すことができます（データの記述例は表34～36）。

1：「オースティン　ブロンテ」を著者名と考えることもできますが，ここではNACSIS-CAT に合わせてタイトルとみなしています。

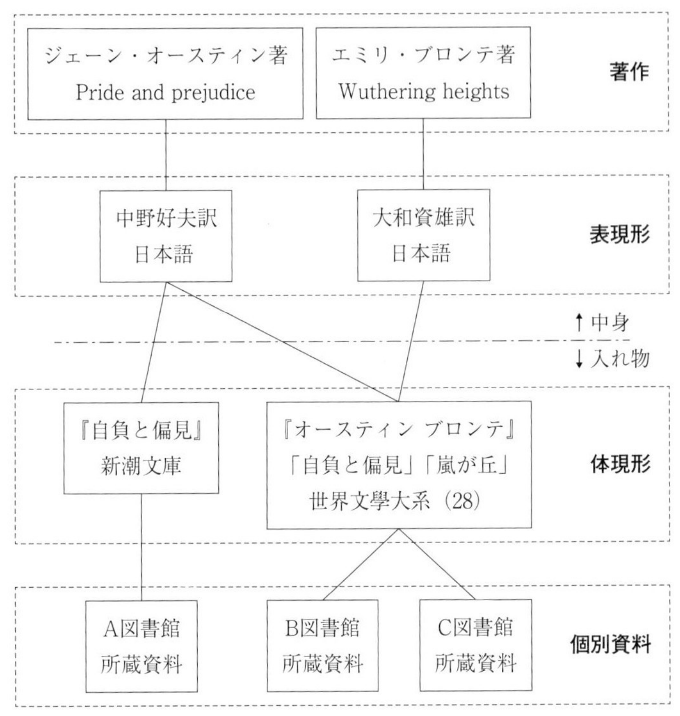

図 2　NCR2018 における資料のとらえ方（2）

（2）個人・家族・団体（第 2 グループ）

このように原タイトルからたどることで，資料に表示されているタイトルにかかわらずすべての資料を検索できるようになりました。それでは著者名はどうでしょうか。著者名も「ジェーン・オースティン」だけでなく「ジェイン・オースティン」「オースティン」「オースチン」などの表記がされています。このようにさまざまな表記がされている資料をまとめて検索するために，特定の個人がかかわったすべての資料を一つの名称で検索できると便利です。そこでNCR2018では個人についてのデータを作成して資料を表すデータと関連付けておき，その個人が関わった資料を検索・表示できるようにします。

ところでその資料と関わるのは個人だけではありません。団体が編集・発行する図書もあります。NCR2018では「知的・芸術的成果を生み出す主体」として著者や訳者，出版者などとして資料と関わる実体である「個人」「家族」「団体」を設定し，第2グループと呼んでいます[2]。

図3では著作が著者である「ジェーン・オースティン」という個人と関係していることをはじめ，表現形が訳者である「中野好夫」と，体現形が出版者である「新潮社」と，個別資料が所蔵館である「A図書館」とそれぞれ関係していることが表されています。

個人を実体としてとらえることで，この個人が関係する資料を網羅的に探すことができるようになります。例えば中野好夫は『私の憲法勉強』という著作も著しています。つまり中野好夫は「自負と偏見」に対しては訳者として関連し，「私の憲法勉強」には著者として関連することになります。これを表したのが図4です。

2：RDAでは2017年版からこれらの総称として「エージェント（行為主体）」という語を使用していますが，NCR2018では採用していません。

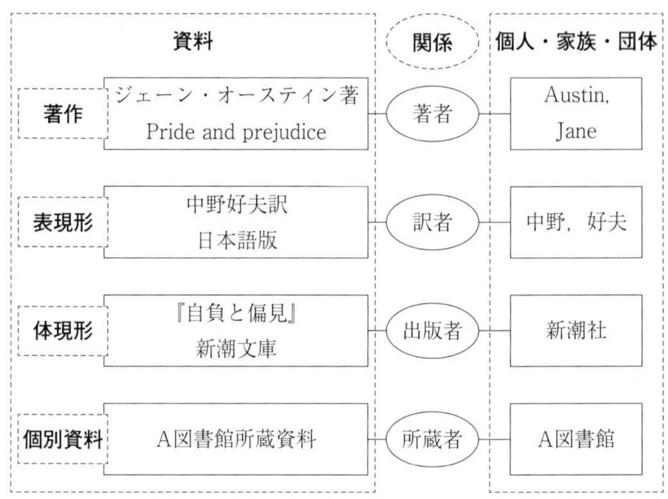

図3　資料と関係する個人・家族・団体（概要）

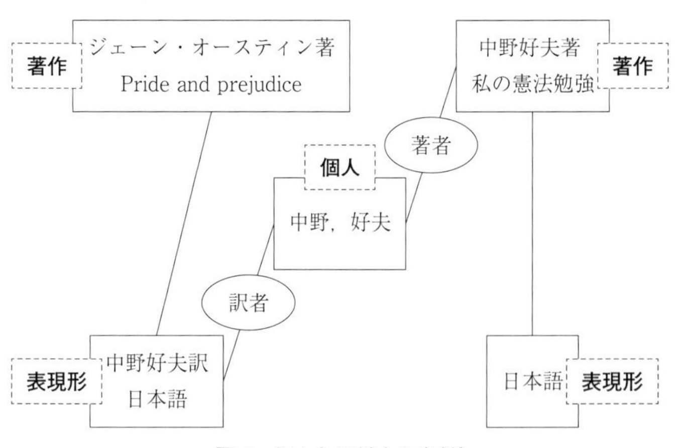

図4　個人と関係する資料[3]

3：体現形と個別資料は省略しました。

（3）概念・物・出来事・場所（第3グループ＝主題）

資料を探す手がかりとして，書名や著者名がよく使用されますが，それ以外にも重要な検索があります。それは資料の主題から検索する方法です。タイトルや著者名がわからないときなどに，あることについて書かれた資料を探す場合です。そのために主題を表す「概念」「物」「出来事」「場所」という実体を設定して第3グループまたは「主題」と呼んでいます。主題をもつのは著作だけですので，著作と主題を関連付けます。なお，主題となるのはこの第3グループだけでなく，第1グループの資料や第2グループの個人・家族・団体も主題となることがあります（詳しくはⅡ部1章5（2）e．資料と主題との関連（#45，保留）参照）。

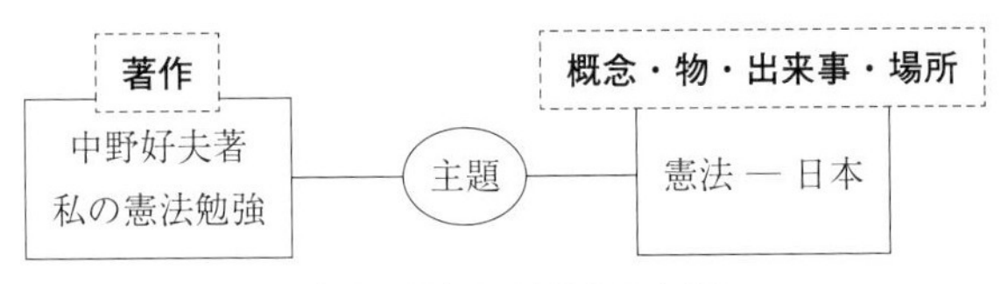

図5　著作と関係する主題

以上みてきたようにNCR2018で記録する実体は第1から第3までの三つのグループに分かれていますが，第1グループと第2，第3グループではグループの括り方が異なります。第1グループは資料そのものを表します。目録を作成する記述対象の資料は通常手元に1点ありますが，この1点の資料を四つの部分に分けて捉えたのが第1グループです。ですから第1グループに属する著作—表現形—体現形—個別資料は物理的にはもともと一つの存在です。それに対して第2グループの個人・家族・団体や第3グループの概念・

物・出来事・場所はそれぞれがもともと独立した個別の存在であるものを，資料に対する関係の共通性に着目して二つのグループとして括っているものです。

図6はNCR2018で示されている概念モデル（考え方の枠組み）です。

図の第3グループの実体の枠内にある「＊左の4実体に加え，第1，第2グループの各実体を，著作の主題として第3グループの実体とみなすことがある」というのは，第1グループの「著作」「表現形」「体現形」「個別資料」や第2グループの「個人」「家族」「団体」も資料の主題であることがあるので，第3グループに含める考えもある，という意味です[4]。しかしながら目録規則を理解したり作業したりする上では三つのグループ分けは意識する必要がありませ

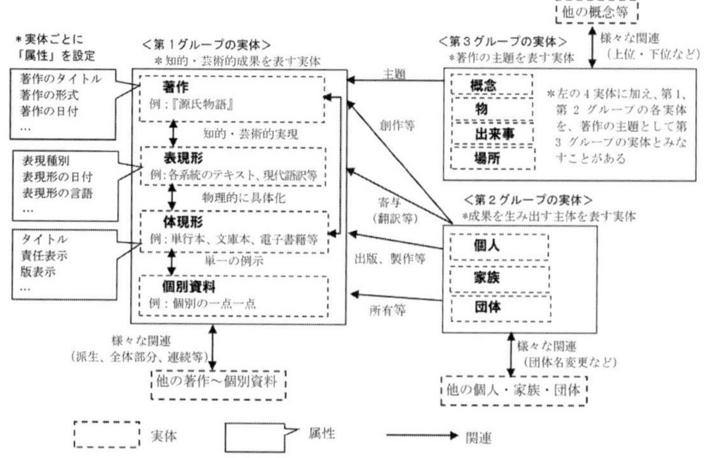

図6　NCR2018が依拠する概念モデルの概要
（『日本目録規則2018年版』#0.3）

ん。それぞれの実体について考えるだけで十分です。したがって，第1グループや第2グループをも第3グループの実体とみなすかどうかはデータを作成する上ではまったく影響がありません。

（4）刊行方式，書誌階層構造，基礎書誌レベル

資料は1冊で刊行されることもありますし，上下2分冊のように複数冊に分けて刊行されることもあります。単独で刊行されることもありますし，シリーズの中の1冊として刊行されることもあります。また，雑誌や新聞のように継続して刊行されるものもあります。このような刊行の種類を刊行方式といいます。

分冊の場合は各巻に固有のタイトルがあることもないこともあります。さらに1冊の図書や雑誌の中に複数の作品や記事が収録されていることもあります。このような，シリーズ全体のタイトルに対する各巻のタイトルや，1冊の図書のなかの個々の作品など，該当する範囲の異なるタイトルがある構造を書誌階層構造といい，そのタイトルの及ぶ範囲の階層を書誌レベルといいます。目録データを作成する際はどの階層のレベルのタイトルを本タイトルとして記録するかを決める必要があります。

このとき，上位の書誌レベルを対象とする場合や，書誌階層構造がない場合の記述を包括的記述といいます。逆に，下位の書誌レベルを対象とする場合や，物理レベル（分冊刊行された資料について，固有のタイトルのない各巻ごとに記述を作成する場合）を対象とする場合を分析的記述といいます。これらのうち，目録規則とし

4：NCR2018が準拠している「書誌レコードの機能要件（FRBR）」では第1グループと第2グループは第3グループとは別のグループです。

表１　書誌階層構造と基礎書誌レベル

刊行方式	説明	包括的記述	分析的記述
単巻資料	一冊で刊行される図書	**全体**	1冊の中の1篇
複数巻単行資料	複数の部分からなる資料	**全体** （各巻に固有のタイトルがない場合）	**1冊ごと** （各巻に固有のタイトルがある場合）
逐次刊行物	終期を予定せずに部分に分かれて継続的に刊行される資料	**全体**（雑誌の誌名単位など）	ある1号やその中の1記事など
更新資料	ルーズリーフ資料のように中身が追加・変更されても全体としてのまとまりは維持される資料	**全体**	中の1篇

＊ゴシックは基礎書誌レベル

て望ましいと考えているレベルが「基礎書誌レベル」です。

これらをまとめたのが表1です。基礎書誌レベルをゴシックにしてあります。

2．エレメントの記録：実体，属性，関連

（1）エレメント

三つのグループのそれぞれの実体について，その属性と，他の実体との関連をエレメント（要素）として記録して実体のデータを作成します。

エレメントにはさらに部分に分かれているものもあります。この部分をサブエレメントといいます。例えば，出版表示というエレメ

ントは，出版地，出版者，出版日付などのサブエレメントに分かれています。

これと似ている言葉にエレメント・サブタイプというものもあります。エレメント・サブタイプはエレメントの種類です。例えば，タイトルというエレメントには，本タイトル，タイトル関連情報，並列タイトルなどのエレメント・サブタイプがあります[5]。

これらのエレメントのうち，適用可能でかつ情報を容易に確認できる場合には必ず記録するべきものをコア・エレメントといいます。その資料に適用できない場合には記録不要ですので，常に必ず記録するというわけではありません。例えば，「改訂版」のような版次はコア・エレメントですが，版の表示がない資料については記録しません。コア・エレメントの一覧はNCR2018の第0章末に「付表」として掲載されています。本書ではⅡ部1章で各実体の規則を解説する際に，コア・エレメントを一覧にしてあります。

（2）属性

属性は実体の特性を表す情報です。図書のタイトル，言語，責任表示（著者名など），大きさなどがあります（表2)。

（3）アクセス・ポイント，識別子

アクセス・ポイントは，「書誌データおよび典拠データの検索に使用される。」（#21.0）とあります。ここでいう書誌データと典拠

5：NCR1987ではこれらは「タイトルと責任表示に関する事項」の中の書誌的事項でしたので，どちらかというとサブエレメント的な扱いでしたが，NCR2018ではこれらは部分ではなく，タイトルの種類という扱いになりました。

表 2　おもな属性の例

<table>
<tr><th colspan="2">情報の種類</th><th>実体</th><th>属性の例</th></tr>
<tr><td rowspan="4">第 1 グループ</td><td rowspan="2">中身に関する情報</td><td>著作</td><td>タイトル，形式など</td></tr>
<tr><td>表現形</td><td>言語，所要時間など</td></tr>
<tr><td rowspan="2">入れ物に関する情報</td><td>体現形</td><td>入れ物に表示されている情報：タイトル，責任表示，版表示，出版表示など
外形に関する情報：ページ数，大きさなど</td></tr>
<tr><td>個別資料</td><td>資料の情報：著者のサイン，汚損状態など
管理のための情報：請求記号，資料のバーコード番号，排架場所など</td></tr>
<tr><td colspan="2">第 2 グループ</td><td>個人</td><td>名称，生没年など</td></tr>
</table>

データが何を指しているのかは明記されていないのですが[6]，規則が保留になっている実体も含めるとすべての実体にアクセス・ポイントが設定されていますので，両方合わせてすべての実体を指すと考えられます。そしてその実体を検索する際にアクセス・ポイントが使用されるというのですが，実際には，どのエレメントを検索対象とするのかはデータを管理・検索するシステムで設定します。現在の OPAC でもシステムによって，例えば出版地で検索できるものとできないものとがあります。ですから検索の手掛かりであるかどうかは目録規則としては重要ではありません。それよりも，次項

6：NCR1987 の名残です。本書Ⅲ部で簡単に触れています。詳しくは拙稿「『日本目録規則 2018 年版』における書誌データと典拠データの概念について」『メタデータ評論』第 4 号（2022.10）p.13 を参照してください。

で見る実体間の関連を表す際に，関連先の相手として特定の実体を指し示す際に重要な役割を果たします。

アクセス・ポイントには統制形アクセス・ポイントと非統制形アクセス・ポイントがあります。アクセス・ポイントは一つ以上のエレメントを組み合わせて作るのですが，その組み合わせのパターンが決められているのが統制形アクセス・ポイントで，典拠形アクセス・ポイントと異形アクセス・ポイントがあります。典拠形アクセス・ポイントは他の実体との関連を表す際などに，その実体を指し示すために使用する正式名称のようなものです。異形アクセス・ポイントは典拠形アクセス・ポイントと同じパターンで組み合わせますが，組み合わせる要素の種類や内容，順番を変えてあるものです。

非統制形アクセス・ポイントというのは，決められたパターンがないものです。「名称，タイトル，コード，キーワード等として現れることがある」（#21.2 非統制形アクセス・ポイント）とあります。つまり，資料に表示されている著者の名称やタイトル，ISBNなどで検索できるようにした場合，これらを非統制形アクセス・ポイントと呼ぶことになります。しかしながらすでに述べたように，どの項目で検索するのか，つまり何を非統制形アクセス・ポイントとして設定するのかは実際には目録システムの問題ですので，用語を説明するだけで詳細は何も規定されていません。RDA でも，本タイトルなどのタイトルがこの非統制形アクセス・ポイントに該当するものとして挙げられていますが，これ以外のどのエレメントをアクセス・ポイントとするかはユーザーやシステムの問題であるとしてそれ以上は言及されていません（RDA 0.7）。

同じく関連において特定の実体を指し示すものとして識別子も使用できます。日常生活でも自動車のナンバープレートや個人のマイナンバー，製品の型番やシリアルナンバー（製造番号）などが他のものと区別するために使用されていますが，このように他のものと識別できる番号や記号が識別子です。NCR2018 の実体に関するデータでは，国立国会図書館や NACSIS-CAT におけるデータの ID や，国際的に定められている ISBN，VIAF[7] ID，目録システムにおけるレコード ID などを識別子として用いて，特定の実体との関連を表すことができます。

（4）関連

関連は他の実体との関係を表すものです。記録する際には関連元の実体のデータの中に，関連先である相手の実体がどれかという情報を記録します。さらに必要に応じてどのような関係であるかという情報も記録します。つまり，情報を記録するという意味では属性の記録と何ら変わるところはありません。記録された情報が特定の実体を表していれば，両者を結び付けることができるので関連という名称になっているだけです。

カレー

材料：
じゃがいも
にんじん
玉ねぎ

図 7　カレーの材料の記述（属性による）

図 7 はカレーの材料を記録したデータです。材料としてじゃがいも，にんじん，玉ねぎが列挙されています。この場合，これらの材料は属性として記録していると考えることができます。

しかし同じ記録でも，「カレーとじゃがいもの関係として，カレーの材料としてじゃがいもを使う」という関係性を表していると

7：VIAF バーチャル国際典拠ファイル（https://viaf.org/）

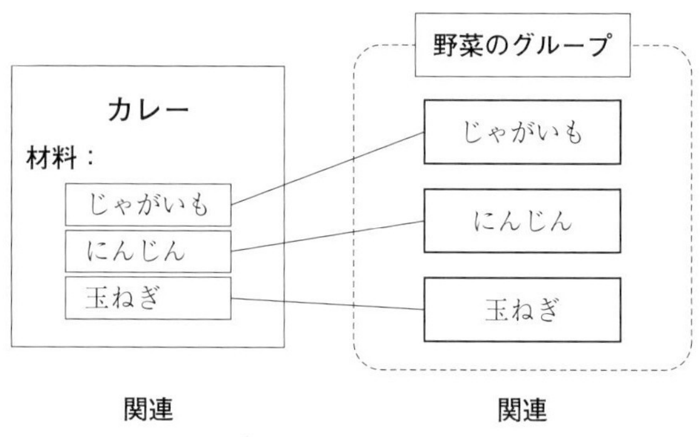

図8　カレーの材料の記述（関連による）

考えると，関連の記録であるとみなすことができます。特にカレーのデータとは別に野菜のデータを作成しておくと，これらがデータ間の関連であることが明確になります（図8)。

野菜のデータを作成することで，その野菜についての属性を記録することができるようになります。図9では，野菜の別名や値段を属性として記録してあります。

このように別の実体との関連を記録する際に，Aという実体から別のBという実体に対して，「このBと関係がある」ということを表すために，Bの典拠形アクセス・ポイントを使用できます（図9では品名がこれに該当します)。典拠形アクセス・ポイントは必ず他の実体と識別できるように作りますので，関連先が他ならぬBであることを示すことができます。

同じ関連を表すために識別子を使用したのが図10です。この図ではカレーの材料である野菜を指し示すために品目コードを使用しています。

さて，NCR2018における関連には大きく分けて2種類がありま

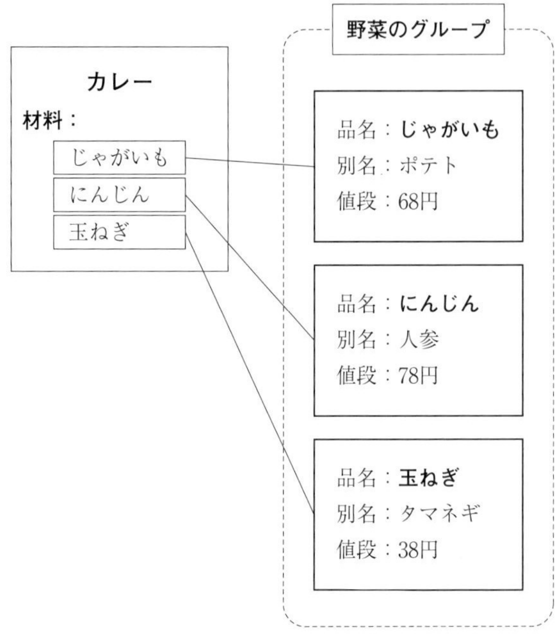

図 9　カレーの材料（関連）と野菜の属性

す。一つは資料に関する関連で，もう一つはその他の関連です。

資料に関する関連は，記述対象資料に直接関係する関連で，資料に関する基本的関連，資料に関するその他の関連，資料と個人・家族・団体との関連，資料と主題との関連があります。

その他の関連は記述対象資料とは離れて，個人・家族・団体と別の個人・家族・団体との関連（個人・家族・団体間の関連）および主題と主題との関連（主題間の関連）を記録するものです。

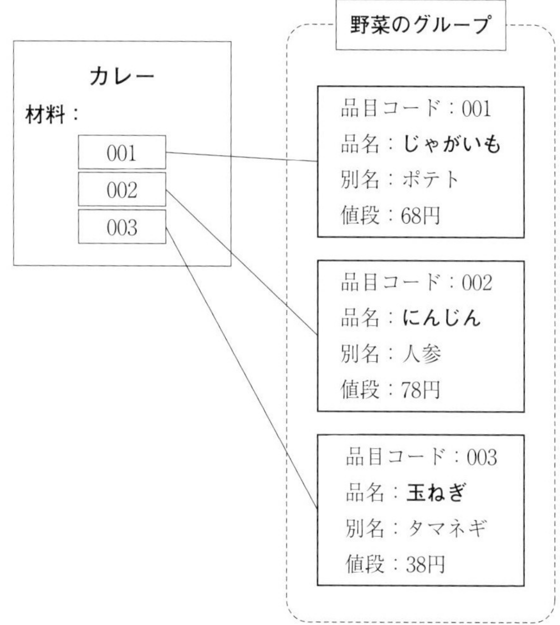

図 10　カレーの材料（識別子による関連）と野菜の属性

a. 資料に関する基本的関連（#42）

資料に関する基本的関連は，記述しようとしている資料についての著作—表現形—体現形—個別資料の関連です。手元にある資料は個別資料ですので，その個別資料が例示している体現形はどれか，その体現形が実現している表現形はどれか，その表現形が表現している著作はどれか，などを記録します。

i）著作から表現形への関連（#42.1）（著作の表現形．著作のデータとして，その著作を表現している表現形に何があるか

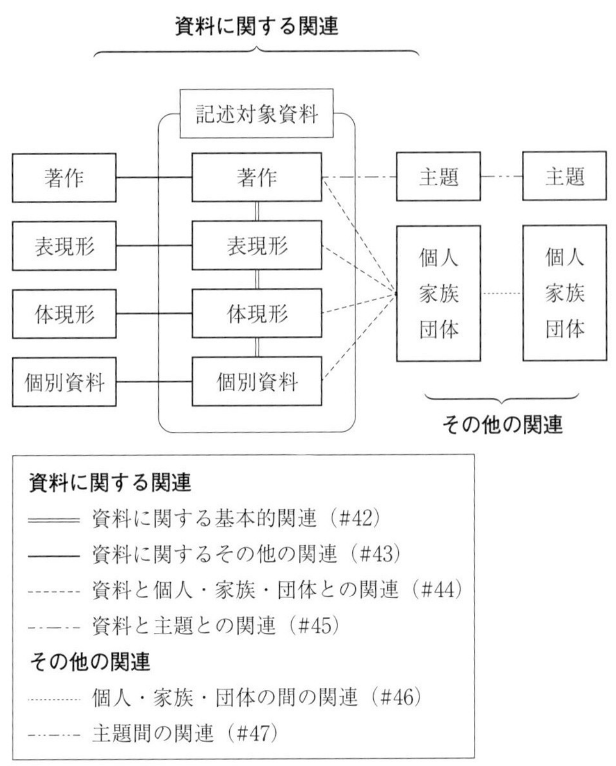

図11　NCR2018における関連の種類

を記録します）

ii）表現形から著作への関連（#42.2）（表現された著作．表現形のデータとして，その表現形が表現している著作がどれであるかを記録します）

iii）表現形から体現形への関連（#42.5）（表現形の体現形．表現形のデータとして，その表現形を具体化している体現形に

何があるかを記録します）

iv）体現形から表現形への関連（#42.6）（体現された表現形．体現形のデータとして，その体現形が具体化している表現形がどれであるかを記録します）

v）体現形から個別資料への関連（#42.7）（体現形の例示．体現形のデータとして，その体現形を例示している個別資料に何があるかを記録します）

vi）個別資料から体現形への関連（#42.8）（例示された体現形．個別資料のデータとして，その個別資料が例示している体現形がどれであるかを記録します）

vii）著作から体現形への関連（#42.3）（著作の体現形．著作のデータとして，その著作を具体化した体現形に何があるかを記録します）

viii）体現形から著作への関連（#42.4）（体現された著作．体現形のデータとして，その体現形が具体化している著作がどれであるかを記録します）

i）からvi）では，著作―表現形―体現形―個別資料の四つの実体について双方向の関連を記録できるようになっています。しかしながら，著作から表現形への関連，表現形から体現形への関連，体現形から個別資料への，いわば上から下への関連については，場合によっては膨大な量のデータを示すことになります。例えば，シェイクスピアのハムレットという著作については古今東西膨大な量の表現形があるでしょう。あるいは，岩波文庫の『高慢と偏見』（改版）はCiNii Booksだけでも259館分の個別資料が表示されます。

また，著作のデータを作成したあとで新たな表現形が作られることも多々あります。その場合，既存の著作のデータにそのつど新たな表現形の情報を加えていくというのは手間がかかります。

そのため大規模なデータを作成する場合には，表現形から著作への関連，体現形から表現形への関連，個別資料から体現形への関連という，下から上への関連のみを記録しておいて，上から下へと関連をたどるのは検索する際にシステムで対応するのが現実的です[8]。規則としても，表現形から著作への関連と体現形から表現形への関連のみがコア・エレメントです。

vii）著作から体現形への関連とviii）体現形から著作への関連は，

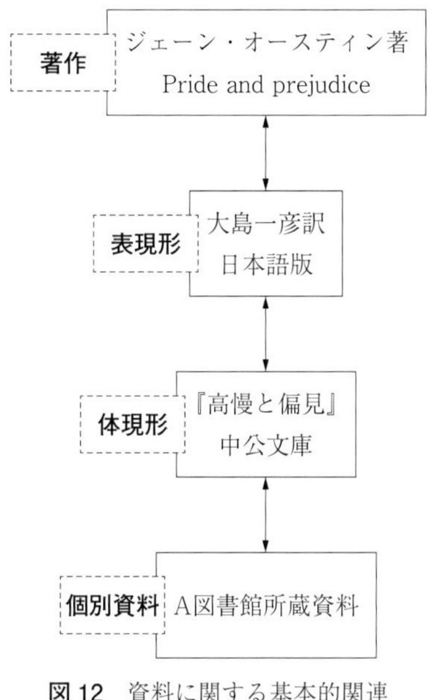

図12　資料に関する基本的関連

8：NACSIS-CATでも子書誌データから親書誌データへのリンク，所蔵データから書誌データへのリンク，書誌データから典拠データへのリンクの一方向のみを記録しています。

間にある表現形を特定せずに著作と体現形を直接関連付けるものです。この関連を記録する場合は著作と表現形および表現形と体現形の関連は記録しません。しかしそうなると各実体のデータを分けて作成する場合には表現形のコア・エレメントも記録しないことになってしまいますので，表現形に関する情報が重要でない場合や，かつての書誌データのように体現形と表現形を区別せずに記録しているデータにおいて，著作のデータと関連付ける場合（後述のg. 複合記述による記録 参照）に限定した方が良いのではないかと思われます。なお，その場合は体現形から著作への関連がコア・エレメントとなります。

b. 資料に関するその他の関連（#43）

資料に関するその他の関連は，記述対象資料と別の資料との関連を表すものです。同じ種類の実体間のみ設定されていて，著作間，

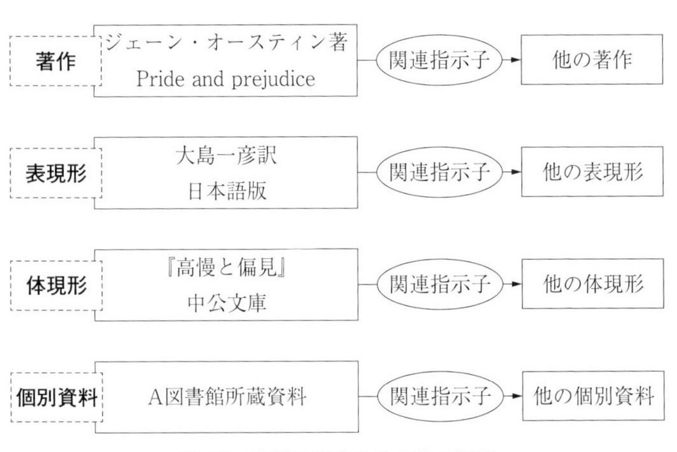

図13　資料に関するその他の関連

表現形間，体現形間，個別資料間の関連があります。資料に関する基本的関連の場合はそれぞれの関係性は自明でしたが，資料に関するその他の関連はさまざまな関連の仕方がありますので，どのような関連なのかを関連指示子で明示することができます。

● 著作間の関連（#43.1），表現形間の関連（#43.2）

著作間の関連と表現形間の関連には，派生の関連，参照の関連，全体・部分の関連，付属・付加の関連，連続の関連の 5 種類があります。同じ種類の関連でも，異なる著作同士の関連であれば著作間の関連として記録し，表現形レベルの関連であれば表現形間の関連として記録します。例えば派生の関連の場合は，ある小説に対して別の作家が続編を執筆したものは著作間の派生の関連に該当しますし，カール・マルクス著『資本論』のフランス語版とそれを日本語に翻訳した表現形については表現形間の派生の関連に該当します。なお，表現形と別の著作との関連は著作間の関連として記録しますので，特定の表現形をもとに映画化された著作については，その原作としては著作に対して関連付けます。

これらの関連がどのようなものであるかは，NCR2018 付録 C. 関連指示子の一覧表を見ると関連の内容がわかりますので具体的なイメージがつかめます。

図 14 は「#C.1.1 著作間の関連」の一部です。「#C.1.1.1 著作の派生の関連」という種類の関連について，「原作（著作）」↔「派生（著作）」という関連があり，さらに詳細な関連として「翻案の原作（著作）」↔「翻案（著作）」という関連や，さらに詳細な「韻文化の原作（著作）」↔「韻文化（著作）」という関連があることがわかります。いずれの詳細度の関連を使用するかはデータ作成機関で選択します。

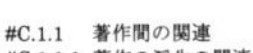
#C.1.1　著作間の関連
#C.1.1.1 著作の派生の関連

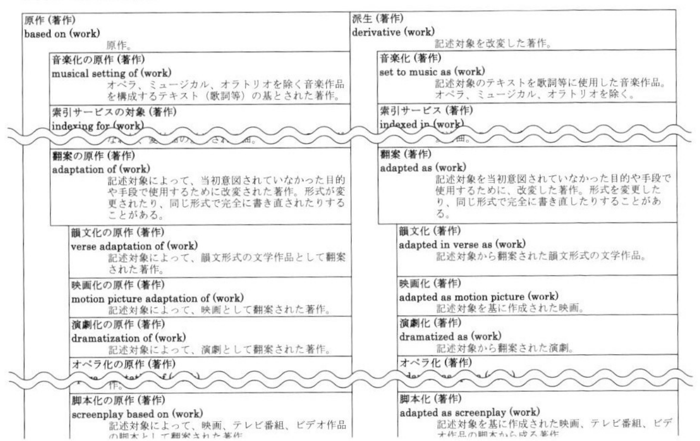
原作（著作）
based on (work)
原作。

音楽化の原作（著作）
musical setting of (work)
オペラ、ミュージカル、オラトリオを除く音楽作品を構成するテキスト（歌詞等）の基とされた著作。

索引サービスの対象（著作）
indexing for (work)

翻案の原作（著作）
adaptation of (work)
記述対象によって、当初意図されていなかった目的や手段で使用するために改変された著作。形式が変更されたり、同じ形式で完全に書き直されたりすることがある。

韻文化の原作（著作）
verse adaptation of (work)
記述対象によって、韻文形式の文学作品として翻案された著作。

映画化の原作（著作）
motion picture adaptation of (work)
記述対象によって、映画として翻案された著作。

演劇化の原作（著作）
dramatization of (work)
記述対象によって、演劇として翻案された著作。

オペラ化の原作（著作）

脚本化の原作（著作）
screenplay based on (work)
記述対象によって、映画、テレビ番組、ビデオ作品の脚本として翻案された著作。

派生（著作）
derivative (work)
記述対象を改変した著作。

音楽化（著作）
set to music as (work)
記述対象のテキストを歌詞等に使用した音楽作品。オペラ、ミュージカル、オラトリオを除く。

索引サービス（著作）
indexed in (work)

翻案（著作）
adapted as (work)
記述対象を当初意図されていなかった目的や手段で使用するために、改変した著作。形式を変更したり、同じ形式で完全に書き直したりすることがある。

韻文化（著作）
adapted in verse as (work)
記述対象から翻案された韻文形式の文学作品。

映画化（著作）
adapted as motion picture (work)
記述対象を基に作成された映画。

演劇化（著作）
dramatized as (work)
記述対象から翻案された演劇。

オペラ化（著作）

脚本化（著作）
adapted as screenplay (work)
記述対象を基に作成された映画、テレビ番組、ビデオ作品の脚本から成る著作。

図 14　著作間の関連指示子（部分）

関連の種類としては同じものが設定されていますが，個々の関連の詳細には一部異なるところがあります。著作間の関連と表現形間の関連の両方にある関連指示子には，区別するために関連指示子の後ろに「(著作)」または「(表現形)」が付加されていますが，片方にしかないものはその必要がないので付加されていません。

著作間の関連にあって表現形間の関連にないものは，著作の派生の関連では「原作・派生」の「着想を得た著作・着想を与えた著作」「翻案の原作・翻案」の下位にある「ビデオゲーム化の原作・ビデオゲーム化」，著作の全体・部分の関連では「上位・下位」の下位にある「上位のシリーズ・サブシリーズ」「シリーズ・シリーズの一部」，著作の連続の関連では「先行・後続」の下位の「過去編・正編」「前編・後編」です（図 15）。

逆に表現形間の関連にあって著作間の関連にないものは，表現形間の派生の関連の「原作・派生」の下位にある「改訂の対象・改訂」「編曲の対象・編曲」および「翻訳の対象・翻訳」とその下位の「吹替の対象・吹替」です（図16）。

著作間の派生の関連（#C.1.1.1）

原作（著作）	派生（著作）
着想を得た著作	着想を与えた著作
翻案の原作（著作）	翻案（著作）
ビデオゲーム化の原作（著作）	ビデオゲーム化（著作）

＊ビデオゲーム化については著作間の関連しかありませんので「(著作)」はなくても良いと思うのですが，RDA（2015年の改訂で追加されました）に合わせているそうです。

著作の全体・部分の関連（#C.1.1.3）

上位（著作）	下位（著作）
上位のシリーズ	サブシリーズ
シリーズ	シリーズの一部

著作の連続の関連（#C.1.1.5）

先行（著作）	後続（著作）
過去編	正編
前編	後編

図15　著作間の関連にあって表現形間の関連にない関連指示子

表現形間の派生の関連（#C.1.2.1）

原作（表現形）	派生（表現形）
改訂の対象	改訂
編曲の対象	編曲
翻訳の対象	翻訳
吹替の対象	吹替

図16　表現形間の関連にあって著作間の関連にない関連指示子

c．体現形間の関連（#43.3），個別資料間の関連（#43.4）

体現形間の関連と個別資料間の関連には，等価の関連，参照の関連，全体・部分の関連，付属・付加の関連の4種類があります。こちらも種類は同じでも詳細については一部異なるところがあります。同じ関連指示子については「(体現形)」「(個別資料)」が付加されてどちらの関連なのかが区別できるようになっていますので，同じ種類の関連でも，それが体現形レベルの関連なのか，それとも個別資料レベルの関連なのかを判断して関連付けることになります。例えば，過去に出版された本（体現形）を複製して復刻版として刊行した場合は新旧の資料は相互に体現形間の関連となりますし，特定の個別資料をコピーした資料は個別資料間の関連として記録しま

体現形間の等価の関連（#C.1.3.1）

等価（体現形）	等価（体現形）
異版	異版
ミラー・サイト	ミラー・サイト

体現形間の全体・部分の関連（#C.1.3.3）

上位（体現形）	下位（体現形）
挿入先	挿入
復刻の全体	復刻に含まれる対象
本誌	特別号

体現形間の付属・付加の関連（#C.1.3.4）

付属・付加（体現形）	付属・付加（体現形）
合冊刊行	合冊刊行

図17　体現形間の関連にあって個別資料間の関連にない関連指示子

個別資料間の付属・付加の関連（#C.1.4.4）

付属・付加（体現形）	付属・付加（体現形）
合冊	**合冊**

図18　個別資料間の関連にあって体現形間の関連にない関連指示子

す。同様に，過去に出版された本（体現形）を合冊して復刻版として刊行した場合は，収録されているものは相互に体現形間の関連となり，ある図書館において所蔵資料2冊をまとめて1冊に再製本した場合は相互に個別資料間の関連として記録します。

なお，体現形と別の体現形の個別資料との関連は，個別資料間の関連として扱いますので，特定の個別資料を複製して刊行した体現形については個別資料間の関連として記録することになります。

それぞれの関連についてはII部1章の「実体ごとの規則」に関連指示子の抜粋を掲載しています。

d. 資料と個人・家族・団体との関連（#44）

資料と個人・家族・団体との関連は，記述対象資料と個人・家族・団体との関連を記録します。どのような関連なのか（著者なのか訳者なのか等）を付録C.2「関連指示子：資料と個人・家族・団体との関連」の表から選びますが，適切な用語が無い場合は適宜追加して使用することができます。一部を抜粋して表3にまとめました。

個人・家族・団体が資料とどのような関係があるのかを考えて，著作，表現形，体現形，個別資料のいずれと関連付けるのかを見極める必要があります。

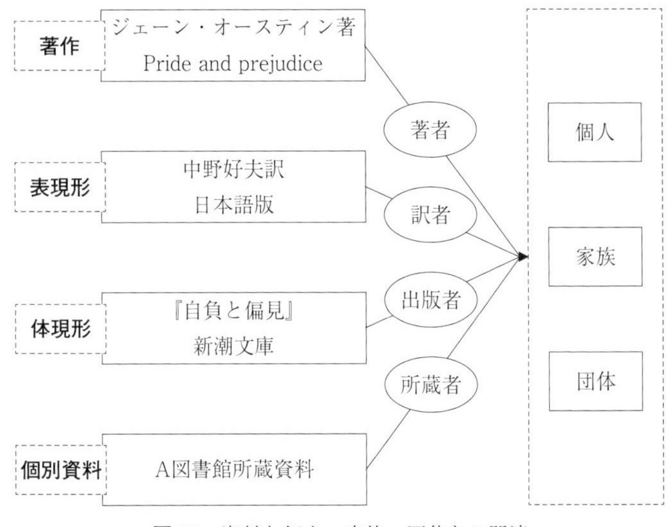

図 19　資料と個人・家族・団体との関連

e. 資料と主題との関連（#45，保留）

資料と主題との関連は，記述対象資料の主題が何であるかを示すために，主題を表す実体との関連を記録します。規則も関連指示子も保留になっています。主題を持つのは著作だけですので，著作と主題を関連付けます。

f. その他の関連（#46，#47）

「セクション 8 その他の関連」は記述対象資料とは離れて，ある個人・家族・団体と別の個人・家族・団体との間の関連（#46）や，ある主題と別の主題との間の関連（#47）を記録しますが，後者の規則はまだ「保留」です。

表3　資料と個人・家族・団体との関連指示子（抜粋）

関連の種類		
	関連の種類の詳細	関連指示子の例（#C.2）
著作と個人・家族・団体との関連（#44.1）		
	創作者（#44.1.1）	著者，編纂者，作曲者
	著作と関連を有する非創作者（#44.1.2）	名宛人，被記念者，ディレクター，映画監督
表現形と個人・家族・団体との関連（#44.2）		
	寄与者（#44.2.1）	編者，訳者，注釈者，指揮者，演者，歌唱者，器楽奏者，編曲者，俳優
体現形と個人・家族・団体との関連（#44.3）		
	出版者（#44.3.1）	放送制作者
	頒布者（#44.3.2）	フィルム配給者
	製作者（#44.3.3）	印刷者
	非刊行物の制作者（#44.3.4）	なし
	体現形と関連を有するその他の個人・家族・団体（#44.3.5）	なし
個別資料と個人・家族・団体との関連（#44.4）		
	所有者（#44.4.1）	寄託者，寄贈者
	管理者（#44.4.2）	なし
	個別資料と関連を有するその他の個人・家族・団体（#44.4.3）	収集者，献辞者，キュレーター，製本者，修復者（個別資料），手書き注釈者

● 関連を記録する別の方法

関連を記録する際に，関連元のデータとして相手である関連先がどれであるかを記録する方法を説明してきましたが，じつは関連を記録する方法はそれ以外にもあります。資料に関する記述をそれぞれの実体に分けるのではなく，まとめて記述する方法です。目録カードや従来のデータベースを使用して記述する際に使用しますが，NCR2018らしさはありませんし説明が煩雑になるので，本書ではここでこのような記述ができるということを紹介するにとどめ，規則を解説するところでは実体ごとのデータを作成して典拠形アクセス・ポイントや識別子を使用して関連付ける方法のみを扱います。

g. 複合記述による記録

資料に関する基本的関連については複合記述を行うこともできます。

これは体現形の記述（NCR2018では記述の根幹であると捉えています）と，関連先の著作・表現形・個別資料の属性を組み合わせて記録することで著作・表現形・体現形・個別資料の関連を表すものです。したがって，例えば著作と表現形の関連であっても，体現形の記述の中に著作と表現形それぞれの属性を組み合わせて記録することになります。

以下にNCR2018の例をいくつか再掲し，必要に応じて説明を加えていきます。なお，記述例の部分を網掛けにしてあります。

● 著作から表現形への関連（#42.1）

> Telemann, Georg Philipp, 1681-1767. Fantaisies, flute, TWV 40:2-13. Selections; arranged

> 6つの幻想曲 / G.Ph. テレマン ; ［フランス・ブリュッヘン編］. - 東京 : 全音楽譜出版社, ［1975?］. - 原曲はフルート ; リコーダー用に短三度高く移調

NCR2018の説明では「音楽作品の内容の演奏手段を，体現形の記述と組み合わせたもの」とありますが，著作の情報は1行目の標目に含まれていますので，これと「リコーダー用に短三度高く移調」

という表現形の属性とが関連付けられていると考えられます。

● 表現形から著作への関連（#42.2）

> 20世紀 / アルベール・ロビダ著；朝比奈弘治訳. －東京：朝日出版社, 2007. －原タイトル：Le vingtième siècle

NCR2018の説明は「著作の原タイトルを，体現形の記述と組み合わせたもの」です。原タイトルが著作を表していると考えられますが，記述の情報としては表現形の属性は記録されていません。おそらく体現形の中に含まれる表現形，つまり朝比奈弘治が翻訳した表現形と，著作の属性である原タイトルを関連付けているのでしょう。

● 体現形から著作への関連（#42.4）

> Gon, the little fox / written by Nankichi Niimi ; illustrated by Genjirou Mita ; translation by Mariko Shii Gharbi. – New York, NY : Museyon Inc., [2015]. – Original title: Gongitsune

著作の属性である原タイトルを，体現形の記述と組み合わせています。

● 体現形から表現形への関連（#42.6）

> 組曲「惑星」/ ホルスト［作曲］；大友直人指揮；東京交響楽団，東響コーラス［演奏］. －Tokyo：King Record, 2013. －収録：2013年9月 サントリーホール（東京）. －キング：KICC-1120

表現形の属性である収録の日付・場所を，体現形の記述と組み合わせています。

● 体現形から個別資料への関連（#42.7）

> 風の箱 / 芳野太一銅版画・摺り. －東京：77 ギャラリー，1997. －限定30部のうちの4番

「限定30部のうちの4番」という個別資料の情報を，体現形の記述と組み合わせています。

h. 構造記述による記録

資料に関するその他の関連については構造記述や非構造記述を行うこともできます。

まず，構造記述は関連先の情報として目録カードの記述のような情報を記録するもので，どのような関連なのかを関連指示子を使って明記できます。以下ではNCR2018の例示について，記述例の部分だけを網掛けにし，関連元の情報はNCR2018と同じく丸がっこで括ってあります。

● **著作間の関連（#43.1）**

> シリーズ（著作）：アジア経済研究所叢書
> （関連元：中東・中央アジア諸国における権力構造：したたかな国家・翻弄される社会 / 酒井啓子・青山弘之編（「アジア経済研究所叢書」の中の一つの著作））

「アジア経済研究所叢書」の中の1冊のデータの中で，シリーズである「アジア経済研究所叢書」とを関連付ける例です。

> 継続後（著作）：Toyama medical journal / 富山大学医学会編
> （関連元：富山大学医学会誌）

継続前誌である「富山大学医学会誌」のデータの中で，継続後誌のタイトルを関連付けています。

● **表現形間の関連（#43.2）**

> 改訂の対象：映画ジャンル論：ハリウッド的快楽のスタイル / 加藤幹郎著．― 東京：平凡社，1996
> （関連元：加藤，幹郎．映画ジャンル論（2016））

改訂後の『映画ジャンル論』のデータの中で，改題・改訂の対象となった旧版を関連付けています。

改訂: 新潮世界文学辞典. — 東京 : 新潮社, 1990.4
(関連元: 新潮世界文学小辞典. — 東京 : 新潮社, 1966.5)

● **体現形間の関連（#43.3）**

異版: 図解ギリシア神話 / 松村一男監修. — 東京 : 西東社, 2011
(関連元: もう一度学びたいギリシア神話 / 松村一男監修. — 東京 : 西東社, 2007)

『もう一度学びたいギリシア神話』のデータの中で，この本を「普及版として再編集し，書名・判型・価格をリニューアルした」[9]『図解ギリシア神話』という別の体現形（異版）があるということを記録する例です。

i. 非構造記述

次に非構造記述です。資料に関するその他の関連について，関連先と関連の種類に関する情報を，構造記述のように標準的な表示形式（ISBDなど）で構造化するのではなく，語句，文，パラグラフなど構造化されていない形式で記録する方法です。語句，文，パラグラフなどで記録する際には「○○の改題・合本・加筆・再編集」「○○の増補改訂版」「内容」のように関連の種類を表す語も含まれるため，関連の種類を別途関連指示子として記録することはしません。NCR1987における注記の記録に相当します。

9：松村一男. 図解ギリシア神話. 2011, 西東社, 255p. 巻末より。

● **著作間の関連（#43.1）**

「新選組史料集」（新人物往来社 1993 年刊）と「新選組史料集続」（新人物往来社 2006 年刊）の改題・合本・加筆・再編集
（関連元：新選組史料大全）

● **表現形間の関連（#43.2）**

平凡社 1996 年刊の増補改訂版
（関連元：加藤，幹郎．映画ジャンル論（2016））

● **体現形間の関連（#43.3）**

内容：時代区分論 / 岸本美緒（ほか 10 編）
（関連元：世界史へのアプローチ．— 東京：岩波書店，1998.4. —（岩波講座世界歴史；1））

Special issue of Tijdschrift voor Sociale en Economische Geschiedenis 2014, vol. 11, no. 2
（関連元：Economic history in the Netherlands, 1914-2014 : trends and debates / [edited by Jacques van Gerwen, Co Seegers, Milja van Tielhof and Jan Luiten van Zanden]. — Amsterdam : Amsterdam University Press, [2014]）

合刻：航空法（伊沢孝平著 134p）
（関連元：海商法 / 石井照久著．— 東京：有斐閣，1964）

● **個別資料間の関連（#43.4）**

手稿の電子複写による複製
（関連元：メキシコ四十年 / 松下止．—［制作日付不明］）

Complete colour facsimile of the Rosarium（MS Western 99）in the Chester Beatty Library, Dublin

この例の関連元は明記されていないのですが，Complete colour facsimile of the rosarium（MS Western 99）in the Chester Beatty

Library, Dublin. — Doornspijk, The Netherlands : Davaco, ©1986ではないかと思われます（体現形と，別の体現形の個別資料との関連は個別資料間の関連として記録します）。

> 衆議院事務局（昭和48年6月）刊と参議院事務局（昭和48年7月）刊の2冊を合冊製本したもの
> （関連元: 列国議会同盟規約及び諸規則列国議会同盟日本議員団規約）

3．全体の構成

NCR2018の全体の構成は記述の対象となる実体ごとに分けられています。これまで資料の実体について説明する際には，FRBRのモデルに従って「著作」「表現形」「体現形」「個別資料」の順で解説してきましたが，NCR2018の構成は「体現形（第2章）」「個別資料（第3章）」「著作（第4章）」「表現形（第5章）」の順になっています。

このような構造は「書誌データの根幹は，体現形の記述である。（中略）その資料から特定の体現形を選択し，記述対象とする。（中略）記述対象とする体現形の属性を記録し，あわせて個別資料の記述，その体現形が属する著作および表現形の記述を作成する。また，必要に応じて関連するその他の実体（個人・家族・団体，場所）の記述を作成する。」（#1.3 記述対象）との考えに基づいています。従来の目録規則との連続性に着目するとこうなるのですが，NCR2018としては資料については著作・表現形・体現形・個別資料それぞれの情報を記録するだけですので，体現形の記述が書誌データの根幹であるとは考えない方が良いと思います。

4．実装

NCR2018は「規定対象をエレメントの記録の範囲と方法に限定し，エレメントの記録の順序，エンコーディングの方式，提供時の提示方式は，原則として規定していない。意味的側面（エレメントの定義や値のルール）と構文的側面（記述文法やエンコーディング）の分離は，メタデータ関連の諸標準で意識される事項である。構文的側面については，図書館界にとどまらない相互運用性を備えた方式が採用され，LODとして開放的に提供された書誌データの広範な活用につながることが望ましい。」（「序説 4-2 本規則の特徴⑨意味的側面と構文的側面の分離」）としています。

現在の目録のデータベースではデータの入力画面と表示画面とでは異なるレイアウトになっています。システムによって異なりますし，同じシステムでも図書館によってもカスタマイズされて異なることがあります。データの格納方法も，どのデータベースシステムを使用するか，データベースのテーブルやデータの構造をどのように設計するかもさまざまです。そのため，目録規則ではこれらの入力画面のレイアウトや，表示する際のデータの順番やレイアウトは規定していない，という意味です。

それでは何を規定しているのかというと，規定の対象は「エレメントの記録の範囲と方法」です。これは入力画面の項目の種類と入力する際のデータの採り方と考えるとわかりやすいでしょう。

エレメントの記録の範囲というのは，どの情報を入力するか，という規定ですから，入力画面の項目の種類に相当します。例えば図書の場合，本タイトルや出版地やページ数を入力するけれども，厚さや重さや表紙の色は通常は記録しない，ということを規定しています。

エレメントの記録の方法は入力する際のデータの採り方です。例えば出版地というエレメントについて，その情報を資料のどこから採るのかという情報源や，その情報源に「東京都千代田区」と表記されている場合に「東京」と記録する，という記録の方法を規定しています。

そして入力したデータをどのようなデータベースに格納するか，格納したデータをどのように検索できるようにし，また表示するかはそれぞれの図書館やシステムで決めればよいという考えです。

実際にデータを作成する際には，実体ごとのデータに分けてデータベースのレコードとして作成したり表示したりすることも可能ですし，複数の実体をまとめて扱うことも可能です。例えば表現形と体現形の情報はこれまではまとめて記述してきたので，引き続き一つのレコードとして扱うことも考えられます。

このように NCR2018 で規定しているのはデータの中身だけですので，かつてのカード目録のような「完成形」を示すことができません。そのため NCR2018 で作成しようとしている目録がどのようなものなのか，イメージすることが困難になっています。本書では，仮に個々の実体ごとにデータを作成することを想定して解説していきます。

5．別法と任意規定

NCR2018 の規則には本則以外に「別法」と，任意規定として「任意追加」「任意省略」があります。

別法は本則とは異なる規則で，本則ではなくこちらを採用しても良い，という規則であり，本則とは両立しない規定になっています。本則の後ろに条項単位で「別法」と表記して記載されていて，本則と異なる部分が「*」で括られています。逆に言えば，別法として表示されている条項の中にあっても「*」で括られていない部分は本則と同じです。例えば図20は「漢字，仮名」の記録の仕方の規則ですが，「#1.10.1 漢字，仮名　別法」として規定されているもののうち「*漢字は，原則として常用漢字表に収録されている字体で記録する。常用漢字表の字体に置き換えられない漢字は，情報源に使用されている字体のとおりに記録する*。」の部分だけが本則と異なる規則です。

#1.10.1　漢字、仮名

漢字は、原則として情報源に使用されている字体で記録する。楷書以外の書体は楷書体に改める。入力できない漢字は、入力できる漢字に置き換えるか、読みや説明的な語句に置き換え、その旨が分かる方法（コーディングや角がっこの使用など）で示し、必要に応じて説明を注記として記録する。

仮名はそのまま記録するが、変体仮名は平仮名に改める。

#1.10.1　漢字、仮名　別法

漢字は、原則として常用漢字表に収録されている字体で記録する。常用漢字表の字体に置き換えられない漢字は、情報源に使用されている字体のとおりに記録する。楷書以外の書体は楷書体に改める。入力できない漢字は、入力できる漢字に置き換えるか、読みや説明的な語句に置き換え、その旨が分かる方法（コーディングや角がっこの使用など）で示し、必要に応じて説明を注記として記録する。

仮名はそのまま記録するが、変体仮名は平仮名に改める。

図20　別法の例

任意規定には「任意追加」と「任意省略」があります。本則や別法を採用した上でさらに追加して適用することができる規則が「任意追加」で，本則や別法の一部が省略された規則が「任意省略」です。

Ⅱ 部
規則の解説

1章　実体ごとの規則

本章では個人，著作などのそれぞれの実体について，どのような情報を記録するのか，実例を示しながら概要を解説していきます。目録データの完成形を示すことはできませんので属性や関連の情報を一覧にした表で代用しますが，あくまでも記録する情報を一覧にするとこうなるというだけであって，このような表を作成するという規則なのではありません。

それぞれの実体について，はじめに記述の例，その後にコア・エレメントの一覧を提示してから解説します。

1．個人

表4　個人のデータ（オースティン）

	エレメント名*	サブエレメント名または関連指示子	データ	条項番号
属性	個人の優先名称＜個人の名称＞		Austin, Jane	#6.1
	個人の異形名称＜個人の名称＞		オースティン, ジェイン	#6.2
	個人と結びつく日付	生年	1775	#6.3.3.1
		没年	1817	#6.3.3.2
	個人の識別子		国立国会図書館典拠ID：00431922	#6.18

			VIAF ID：102333412	
アクセス・ポイント		典拠形アクセス・ポイント	Austin, Jane, 1775-1817	#26.1
		異形アクセス・ポイント	オースティン，ジェイン，1775-1817	#26.2
関連[10]	—	—	—	—

＊エレメント・サブタイプがあるものはこれを優先し「エレメント・サブタイプ名＜エレメント名＞」としました。

表5　個人のデータ（中野好夫）

	エレメント名	サブエレメント名または関連指示子	データ	条項番号
属性	個人の優先名称＜個人の名称＞		中野，好夫‖ナカノ，ヨシオ	#6.1
	個人の異形名称＜個人の名称＞		Nakano, Yoshio	#6.2
	個人と結びつく日付	生年	1903	#6.3.3.1
		没年	1985	#6.3.3.2
	個人の識別子		国立国会図書館典拠ID：00052662	#6.18
			VIAF ID：69101589	
アクセス・ポイント		典拠形アクセス・ポイント	中野，好夫‖ナカノ，ヨシオ，1903-1985	#26.1
		異形アクセス・ポイント	Nakano, Yoshio, 1903-1985	#26.2
関連	—	—	—	—

10：特に記録すべき情報はないので空欄にしてあります（以下同じ）。

表6　個人のデータ（大和資雄）

	エレメント名	サブエレメント名または関連指示子	データ	条項番号
属性	個人の優先名称＜個人の名称＞		大和，資雄‖ヤマト，ヤスオ	#6.1
	個人の異形名称＜個人の名称＞		Yamato, Yasuo	#6.2
	個人と結びつく日付	生年	1898	#6.3.3.1
		没年	1990	#6.3.3.2
	個人の識別子		国立国会図書館典拠ID：00094469	#6.18
			VIAF ID：41699765	
アクセス・ポイント		典拠形アクセス・ポイント	大和，資雄‖ヤマト，ヤスオ，1898-1990	#26.1
		異形アクセス・ポイント	Yamato, Yasuo, 1898-1990	#26.2
関連	—	—	—	—

表7　コア・エレメント（個人）

	エレメント名		条件	条項番号
属性	個人の優先名称＜個人の名称＞			#6.1
	個人と結びつく日付	生年	いずれか一方または双方	#6.3.3.1
		没年		#6.3.3.2
		個人の活動期間	生年，没年がともに不明な場合に，同一名称の他の個人との判別が必要なとき	#6.3.3.3

	称号	• 王族，貴族，聖職者であることを示す称号の場合 • 同一名称の他の個人と判別するために必要な場合	#6.4
	活動分野	• 個人の名称であることが不明確な場合に，職業を使用しないとき • 同一名称の他の個人と判別するために必要な場合	#6.5
	職業	• 個人の名称であることが不明確な場合に，活動分野を使用しないとき • 同一名称の他の個人と判別するために必要な場合	#6.6
	展開形	同一名称の他の個人と判別するために必要な場合	#6.7
	その他の識別要素	• 聖人であることを示す語句の場合 • 伝説上または架空の個人を示す語句の場合 • 人間以外の実体の種類を示す語句の場合 • 同一名称の他の個人と判別するために必要な場合	#6.8
	個人の識別子		#6.18
関連	なし		

（1）個人の属性

a. 個人の属性の記録（#6）

● #6.1～#6.2 個人の名称

個人の名称は「姓，コンマ，スペース，名」とし，読みを続けます。漢字と読みの区切り記号は規定されていませんが，NCR2018では「||」を使用していますので，本書もこれに倣います。読みについては #1.12 に規定があります。

#6.1 個人の優先名称

優先名称はその資料に表示されている名称ではなく，一般によく知られているものを採用します。資料を見ながら作業すると，ついその資料に表示されている名称をそのまま使用したくなりますが，その資料のデータを作成するのではなく，あくまでも個人のデータを作成するのだということを意識する必要があります。

そうはいっても現代の日本人についてはほとんどが手元の資料に表示されている名称を使用することになりますが，日本人以外については，資料に片仮名で表記されていても優先名称としてはアルファベットの原綴を使用するなど，資料に表示されているものとは異なる場合があります。表4では原綴の「Austin, Jane」としています。

#6.2 個人の異形名称

優先名称として採用しなかった名称を異形名称として記録できます。優先名称として筆名を採用した場合にその本名を異形名称として記録する（あるいはその逆），現在の名称に対する旧姓の名称（あるいはその逆）などのほか，文字種，字体，読みが異なる形なども記録できます。こうすることで該当する個人を網羅的に検索することができるようになります。表4ではカタカナ表記の「オースティン，ジェイン」を記録してあります。

#6.3 個人と結びつく日付

生年，没年，活動期間を記録します。

#6.5 活動分野，#6.6 職業

生年，没年，活動期間だけでは他の個人と判別できない場合はコア・エレメントです。語の一覧は用意されていないので，適切な語を考えて記録します。

#6.18 個人の識別子

その個人を特定できる番号や記号です。そのデータベースの中で個人のデータを表すIDなどが該当しますが，一般に公開されている国立国会図書館典拠IDやVIAF ID，ORCID IDなども使用できます。どれを使用するかは図書館の方針や目録システムの仕様によります。

#6.19 使用範囲，#6.20 使用期間

個人の属性というより，厳密には個人の優先名称の属性です。つまり，個人の優先名称を使用した分野やその期間を記録します。例えば栗本薫と中島梓の場合，栗本薫という筆名は小説を執筆する際に使用されていたので「小説家」と記録し，同一人物ですが中島梓という筆名は評論家としての活動時に使用されていたので「評論家」のように記録します。

#6.21 確定状況，#6.22 名称未判別標示，#6.23 出典，#6.24 データ作成者の注記

データを管理するための情報です。確定状況は典拠形アクセス・ポイントの情報が十分であれば「確立」，不十分であれば「未確立」，資料が入手できなかった場合は「暫定」と記録します。名称未判別標示は記録した識別情報が他の個人と判別するために不十分で

ある場合に「未判別」と記録します。出典は識別要素を決定した際に参照した情報源を記録します。

b. 個人のアクセス・ポイントの構築（#26）

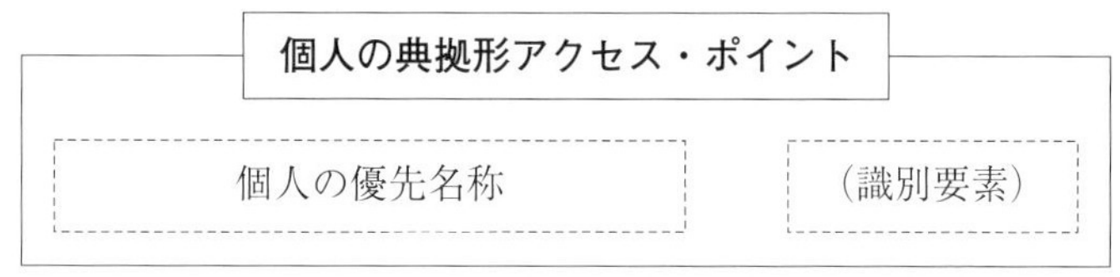

図 21　個人の典拠形アクセス・ポイントの構造

アクセス・ポイントには典拠形アクセス・ポイントと異形アクセス・ポイントがあります。

典拠形アクセス・ポイントは個人の優先名称に加えて，同姓同名の他の個人の典拠形アクセス・ポイントと区別できるだけの識別要素を付加して構築します。

識別要素としては生年および（または）没年のほか，それが不明な場合やそれだけでは判別に十分でない場合は活動分野や職業を付加します。NCR1987 と同じなのですが，国立国会図書館でも NACSIS-CAT でも生没年はわかれば記録してきましたので，本書でもなるべく記録することにします。

異形アクセス・ポイントは典拠形アクセス・ポイントとは異なる形で検索するための手がかりとなるものです。ただしデータベースの場合は異形名称を直接検索対象とすることもできますので，検索よりも表示する際に利用すると有用だろうと思います。

（2）個人の関連（#46）

個人と個人との関連（#46.1, #C.4.1），個人と家族との関連（#46.2, #C.4.2），個人と団体との関連（#46.3, #C.4.3）

その個人と関係のある個人・家族・団体と，どのような関係なのかを表す関連指示子を記録します。

個人との関連の関連指示子としては「学友」や「教師」などもありますが，「別名」「本名」を使用することが多いと思われます。これは執筆する分野ごとに本名や別名などを使い分けている個人について，それぞれを優先名称とする実体を記録しておいて，相互に関連する個人として関連付ける場合です。

団体との関連の関連指示子としては「所属団体」「個人による創設団体」などがあります。例えば，津田梅子という個人の実体のデータにおいて，関連のエレメントの個人による創設団体として津田塾大学の典拠形アクセス・ポイントを記録します。

2．家族

表8　コア・エレメント（家族）

	エレメント名	条件	条項番号
属性	家族の優先名称 <家族の名称>		#7.1
	家族のタイプ		#7.3
	家族と結びつく日付		#7.4
	家族と結びつく場所	同一名称の他の家族と判別するために必要な場合	#7.5

	家族の著名な構成員	同一名称の他の家族と判別するために必要な場合	#7.6
	家族の識別子		#7.10
関連	なし		

一般の図書の場合，家族が著者や出版者になることはまず無いと思われますので，データは省略します。おそらく最も使用頻度が高いのは主題としてでしょう。例えば『メディチ家はなぜ栄えたか』（講談社選書メチエ）という図書の主題は「メディチ家」という家族です。

（1）家族の属性

a. 家族の属性の記録（#7）

#7.1 家族の優先名称，#7.3 家族のタイプ，#7.4 家族と結びつく日付，#7.5 家族と結びつく場所，#7.6 家族の著名な構成員などを記録します。

b. 家族のアクセス・ポイントの構築（#27）

優先名称に，識別子として家族のタイプ，家族と結びつく日付，家族と結びつく場所，家族の著名な構成員を付加して構築します。

（2）家族の関連（#46）

家族と個人との関連（#46.1, #C.4.2），家族と家族との関連（#46.2, #C.4.4），家族と団体との関連（#46.3, #C.4.5）

家族とその構成員や，団体とその創設者一族などを記録します。

3．団体

表9　団体のデータ（新潮社）

	エレメント名	関連指示子	データ	条項番号
属性	団体の優先名称＜団体の名称＞		新潮社‖シンチョウシャ	#8.1
	団体と結びつく日付	設立年	1904	#8.5.3.1
	団体の識別子		国立国会図書館典拠ID：00302402	#8.12
典拠形アクセス・ポイント			新潮社‖シンチョウシャ	#28.1
関連	団体との関連	前身団体	—	#46.3

表10　コア・エレメント（団体）

	エレメント名	条件	条項番号
属性	団体の優先名称＜団体の名称＞		#8.1
	団体と結びつく場所	• 会議，大会，集会等の開催地の場合 • 同一名称の他の団体と判別するために必要な場合	#8.3 #8.3.3.1
	関係団体	• 会議，大会，集会等の開催地より識別に役立つ場合 • 会議，大会，集会等の開催地が不明または容易に確認できない場合 • 同一名称の他の団体と判別するために必要な場合	#8.4

	団体と結びつく日付		• 会議, 大会, 集会等の開催年の場合 • 同一名称の他の団体と判別するために必要な場合	#8.5 #8.5.3.4
	会議，大会，集会等の回次			#8.6
	その他の識別要素	団体の種類	• 優先名称が団体の名称であることが不明確な場合 • 同一名称の他の団体と判別するために必要な場合	#8.7.1
		行政区分を表す語	同一名称の他の団体と判別するために必要な場合	#8.7.2
		その他の識別語句	• 優先名称が団体の名称であることが不明確な場合に，団体の種類を使用しないとき • 同一名称の他の団体と判別するために必要な場合	#8.7.3
	団体の識別子			#8.12
関連	なし			

（1）団体の属性

a. 団体の属性の記録（#8）

#8.1 団体の優先名称

一般によく知られている名称とその読みを採用します。

法人組織を示す語が団体名の先頭にあるときは省略しますが，末尾にあるときはそのまま記録します。

> 公益財団法人日本博物館協会
>
> 　→ 日本博物館協会 || ニホン ハクブツカン キョウカイ

柏書房株式会社
　→ 柏書房株式会社‖カシワ ショボウ カブシキ ガイシャ

下部組織や付属機関については原則として下部組織名や付属機関名のみを優先名称としますが，「部」「課」のような組織下の区分を意味する語を含むものや，一般的な名称で他の組織と識別するために必要である場合などは「国立国語研究所．総務課‖コクリツ コクゴ ケンキュウジョ．ソウムカ」のように，上位組織名，ピリオド，スペース，下位組織名とします（#8.1.4.2）。なお，他の組織と同じ名称であっても，それが一般的な名称ではない場合にはそのままを優先名称とします（ただし典拠形アクセス・ポイントには団体の種類や場所などを付加して他と区別できるようにします）。

#8.2 団体の異形名称

優先名称として採用しなかった名称です。展開形と略称形，文字種や字体が異なる名称，読みが異なる名称等です。

b. 団体のアクセス・ポイントの構築（#28）

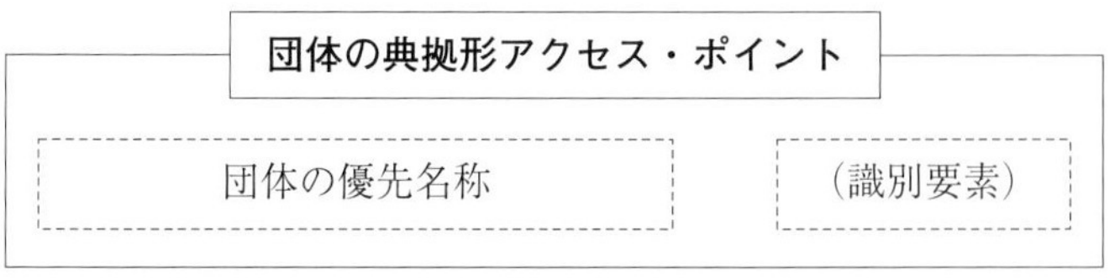

図 22　団体の典拠形アクセス・ポイントの構成

優先名称に加えて，他の団体と区別するために必要であれば識別要素を付加して構築します。

識別要素とそれを記録する順番は，団体の種類，団体と結びつく場所，関係団体の名称，団体と結びつく日付，行政区分を表す語，その他の識別語句ですが，「団体と結びつく場所よりも，関係団体の名称，団体と結びつく日付，その他の識別語句のいずれかが識別に適切な場合は，それを優先して優先名称に付加する。」という規則があります。これは記録する際には場所を先に記録しますが，場所を記録せずに団体と結びつく日付などのみを記録することもできるという意味だと思われます。

団体の種類としては「株式会社」などの法人組織を示す語や，「ゲーム制作会社」のような分野を表す語が例示されています。また，関係団体の名称の例としては，

> 社会科教育研究会‖シャカイカ キョウイク ケンキュウカイ（東京学芸大学）

> 社会科教育研究会‖シャカイカ キョウイク ケンキュウカイ（東京教育大学．附属小学校）

が挙げられています。優先名称が他の団体と同じですので，区別するために識別要素として上位の団体名を付加しています。

（2）団体の関連（#46）

a. 団体と個人との関連（#46.1, #C.4.3）

その団体と関係のある個人との関連を記録します。例えば津田塾大学という団体の関連のエレメントとして，創設者として津田梅子の典拠形アクセス・ポイントを記録することができます。

b. 団体と家族との関連（#46.2, #C.4.5）

関連指示子として「後援者一族↔家族による後援団体」「創設者一族↔家族による創設団体」などがあります。

c. 団体と団体との関連（#46.3, #C.4.6）

関連指示子として「上位団体↔下位団体」「前身団体↔後身団体」などがあります。津田塾大学の前身団体は英學塾で，英學塾の後身団体が津田塾大学ですし，中央公論新社の前身団体は中央公論社です。

表 11　団体のデータ（中央公論新社）

	エレメント名	関連指示子	データ	条項番号
属性	団体の優先名称＜団体の名称＞		中央公論新社 ‖ チュウオウ コウロン シンシャ	#8.1
	団体と結びつく日付	設立年	1999	#8.5.3.1
	団体の識別子		国立国会図書館典拠 ID: 00839832	#8.12
典拠形アクセス・ポイント			中央公論新社 ‖ チュウオウ コウロン シンシャ	#28.1
関連	団体との関連	前身団体	中央公論社 ‖ チュウオウ コウロンシャ	#46.3

表 12　団体のデータ（中央公論社）

	エレメント名	関連指示子	データ	条項番号
属性	団体の優先名称＜団体の名称＞		中央公論社 ‖ チュウオウ コウロンシャ	#8.1
	団体と結びつく日付	設立年	1914	#8.5.3.1
		廃止年	1999	#8.5.3.2
	団体の識別子		国立国会図書館典拠 ID: 00313338	#8.12

典拠形アクセス・ポイント			中央公論社‖チュウオウ コウロンシャ	#28.1
関連	団体との関連	後身団体	中央公論新社‖チュウオウ コウロン シンシャ	#46.3

4．概念，物，出来事，場所

資料の主題を表す実体を記録しますが，場所の属性の記録以外は保留となっていてまだ規則はできていません。実際には分類記号や件名標目を典拠形アクセス・ポイントとし，別名や注記を属性として記録することが考えられます。

主題間の関連（#47）も保留です。例えば分類記号における参照や，件名標目における上位語，下位語，関連語，参照などを記録することが考えられます。

5．著作

表 13　著作のデータ

	エレメント名	サブエレメント名または関連指示子	データ	条項番号
属性	著作の優先タイトル <著作のタイトル>		Pride and prejudice	#4.1
	著作の異形タイトル <著作のタイトル>		高慢と偏見‖コウマン ト ヘンケン	#4.2

			誇りと偏見‖ホコリ ト ヘンケン	
			自負と偏見‖ジフ ト ヘンケン	
	著作の形式		小説	#4.3
	著作の日付		1813	#4.4
	著作の識別子		NDL ID：001281375	#4.9
			VIAF ID：386144783111321996488	
典拠形アクセス・ポイント			Austin, Jane, 1775-1817. Pride and prejudice	#22.1
関連	著作間の関連	映画化（著作）	Pride and prejudice（映画，2005）	#43.1
	著作と関連を有する個人	著者	Austin, Jane, 1775-1817	#44.1.1

表 14　コア・エレメント（著作）

	エレメント名	条件	条項番号
属性	著作の優先タイトル<著作のタイトル>		#4.1
	著作の形式	同一タイトルの他の著作または個人・家族・団体と判別するために必要な場合	#4.3
	著作の日付	• 条約の場合 • 同一タイトルの他の著作または個人・家族・団体と判別するために必要な場合	#4.4

	著作の成立場所		同一タイトルの他の著作または個人・家族・団体と判別するために必要な場合	#4.5
	著作のその他の特性（責任刊行者など）		同一タイトルの他の著作または個人・家族・団体と判別するために必要な場合	#4.6, #4.7
	著作の識別子			#4.9
	音楽作品	演奏手段	同一タイトルの他の作品と判別するために必要な場合	#4.14.3
		音楽作品の番号	同一タイトルの他の作品と判別するために必要な場合	#4.14.4
		調	同一タイトルの他の作品と判別するために必要な場合	#4.14.5
関連	創作者			#44.1.1
	著作と関連を有する非創作者		その個人・家族・団体に対する典拠形アクセス・ポイントを使用して，著作に対する典拠形アクセス・ポイントを構築する場合	#44.1.2

（1）著作の属性

a. 著作の属性の記録（#4）

● #4.1～#4.2 著作のタイトル

#4.1 著作の優先タイトル

資料に表示されているタイトルではなく，その著作を表すものとして一般によく知られているタイトルとその読みを記録します。

各巻のタイトルごとに記述を作成する場合は，各巻を表す語句を著作の優先タイトルとします。通常の各巻タイトルだけでなく，「第１部」「自然科学編」などの部編名のように一般的な語句でも優先タイトルとなります（#4.1.3.1.1 単一の部分）。

読みの規定は #1.12 にまとめられています。

#4.2 著作の異形タイトル

優先タイトルとして採用しなかったタイトルを記録します。優先タイトル「義経記」に対する「牛若物語」のような異なるタイトルのほか，言語が異なるタイトル，漢字と平仮名のように文字種が異なる形，アメリカ英語とイギリス英語のように綴りが異なる形，「栄花物語」と「栄華物語」のように字体が異なる形，読みが異なる形などを記録できます。

#4.3 著作の形式

「戯曲」「ラジオ番組」「詩」など，その著作の種類やジャンルを記録します。語の一覧は用意されていませんので，適切な語を決めて記録します。

#4.4 著作の日付

著作に関係する最も早い日付の年を記録します。本来なら著作が成立した日付を記録するべきなのですが，これが特定できない場合はその体現形について知られる最も早い日付を著作の日付として扱います。したがって，さまざまな表現形や体現形がある資料について，最初に刊行された資料の出版年を調べて記録することが多いと思われます。

#4.6 責任刊行者　（著作のその他の特性のエレメント）

独立した項番が振られていますが，「#4.7 著作のその他の特性のエレメント」として記録します。責任刊行した団体が創作者に該当しない場合，責任刊行者として記録することができます。創作者に該当するかどうかは後述の b. 著作のアクセス・ポイントの構築を参照してください。

#4.7 著作のその他の特性

「#4.6 責任刊行者」のところでは，「責任刊行者は著作のその他の特性のエレメントとして記録する。」とありますが，「#4.7 著作のその他の特性」では「#4.3〜#4.6 で規定した要素以外」を記録することになっていて，「#4.6 責任刊行者」は著作のその他の特性として記録するのではないようにも読めます。特に例も挙げられていませんが，他の著作や個人・家族・団体と識別するために必要な情報を記録することになります。

#4.9 著作の識別子

その著作を特定できる番号や記号です。個人の識別子と同じく，そのデータベースの中で著作のデータを表す ID などが該当しますが，一般に公開されている国立国会図書館典拠 ID や VIAF ID なども使用できます。どれを使用するかは図書館の方針や目録システムの仕様によります。

#4.10 確定状況，#4.11 出典，#4.12 データ作成者の注記

データを管理するための情報です。

#4.16 内容の性質

著作の内容について，タイトルなどではわからない情報を記録することができます。

| 民族音楽の録音

|「阿弥陀仏彫像展」の展観図録

#4.17 内容の対象範囲

著作の内容が対象とする時間的・空間的範囲について記録します。

| 1806 年の東海道

| 東ドイツ全域（1949 年〜1990 年）

#4.21 対象利用者

その著作が対象としている利用者層を記録します。

| 3・4才児向け

| 視覚障害者用

この対象利用者は著作の属性としてしか設定されていないのですが，対象利用者が常に著作の属性であるとは限りません。図23は双葉社ジュニア文庫に収められている住野よる著『君の膵臓をたべたい』の冒頭部分です。カバーに「小学上級・中学から」とあり，本文を見るとすべての漢字に振り仮名が振られています。ところがオリジナルの単行本（図24）と比較すると，本文はまったく同じで単

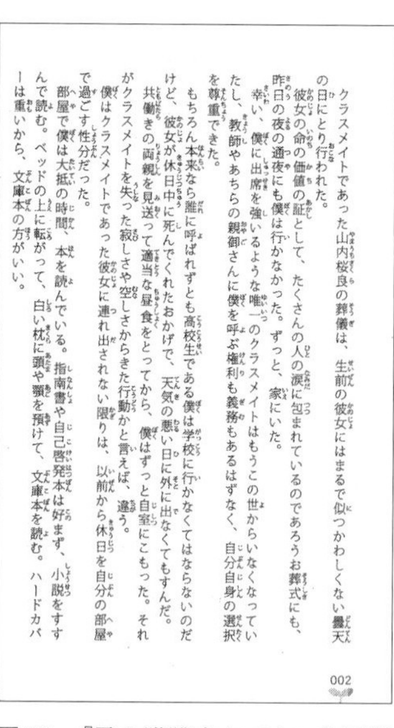

　クラスメイトであった山内桜良の葬儀は、生前の彼女にはまるで似つかわしくない曇天の日にとり行われた。

　彼女の命の価値の証として、たくさんの人の涙に包まれているのであろうお葬式にも、昨日の夜の通夜にも僕は行かなかった。ずっと、家にいた。

　幸い、僕に出席を強いるような唯一のクラスメイトはもうこの世からいなくなっていたし、教師やあちらの親御さんに僕を呼ぶ権利も義務もあるはずなく、自分自身の選択を尊重できた。

　もちろん本来なら誰に呼ばれずとも高校生である僕は学校に行かなくてはならないのだけど、彼女が休日中に死んでくれたおかげで、天気の悪い日に外に出なくてもすんだ。

　共働きの両親を見送って適当な昼食をとってから、僕はずっと自室にこもった。それがクラスメイトを失った寂しさや空しさからきた行動かと言えば、違う。

　僕はクラスメイトであった彼女に連れ出されない限りは、以前から休日を自分の部屋で過ごす性分だった。

　部屋で僕は大抵の時間、本を読んでいる。指南書や自己啓発本は好まず、小説をすんで読む。ベッドの上に転がって、白い枕に頭や顎を預けて、文庫本を読む。ハードカバーは重いから、文庫本の方がいい。

002

図 23　『君の膵臓をたべたい』冒頭（双葉社ジュニア文庫）

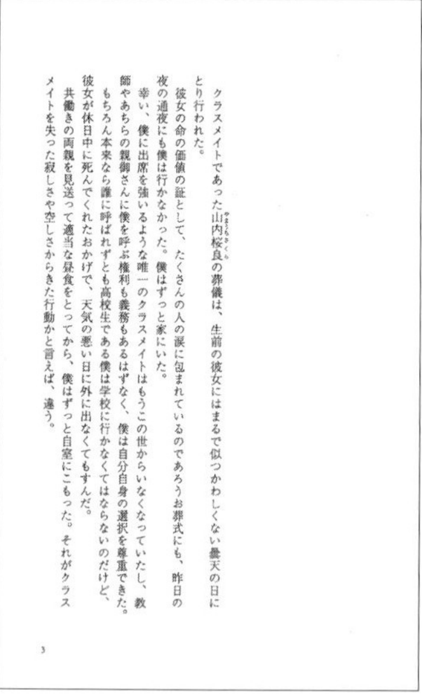

　クラスメイトであった山内桜良の葬儀は、生前の彼女にはまるで似つかわしくない曇天の日にとり行われた。

　彼女の命の価値の証として、たくさんの人の涙に包まれているのであろうお葬式にも、昨日の夜の通夜にも僕は行かなかった。僕はずっと家にいた。

　幸い、僕に出席を強いるような唯一のクラスメイトはもうこの世からいなくなっていたし、教師やあちらの親御さんに僕を呼ぶ権利も義務もあるはずなく、僕は自分自身の選択を尊重できた。

　もちろん本来なら誰に呼ばれずとも高校生である僕は学校に行かなくてはならないのだけど、彼女が休日中に死んでくれたおかげで、天気の悪い日に外に出なくてもすんだ。

　共働きの両親を見送って適当な昼食をとってから、僕はずっと自室にこもった。それがクラスメイトを失った寂しさや空しさからきた行動かと言えば、違う。

3

図 24　『君の膵臓をたべたい』冒頭（単行本）

に振り仮名が振られているだけなのです。この場合は，書かれている内容自体はまったく同じなのですから別の著作と考えることはできません。同じ著作に対する，文字が異なる別の表現形として扱うべきでしょう（表現形には「対象利用者」というエレメントはありませんので,「表現形に関する注記」として記録することになります)。

#4.23 学位論文情報

その著作が学位論文である場合に，学位，学位授与機関，学位授与年を個別のエレメントとして記録します。

b. 著作のアクセス・ポイントの構築（#22）

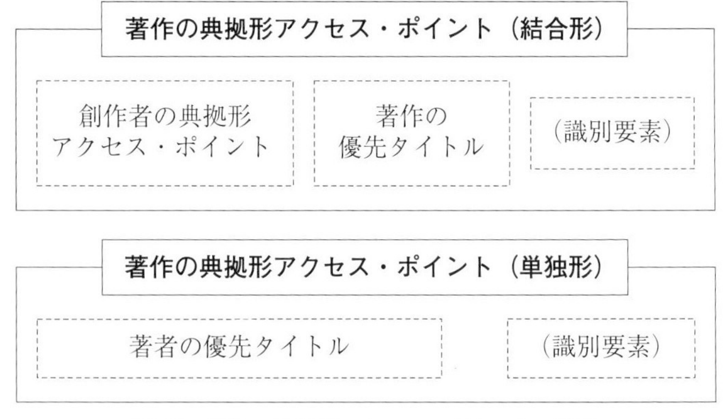

図 25　著作の典拠形アクセス・ポイントの構造

著作に対する典拠形アクセス・ポイントには，結合形と単独形の2種類があります。

結合形は著作の優先タイトルと創作者に対する典拠形アクセス・ポイントを結合して構築します。ただし，この結合の順序については規定していません。NCR2018 ではRDA に合わせて「紫式部 ‖ ム

ラサキ シキブ．源氏物語‖ゲンジ モノガタリ」のように，創作者を先に記録して，ピリオド，スペースの後ろに著作を記録していますので，本書もこれに倣います。

もう一つの単独形は，優先タイトルを単独で使用するものです。著者が不明な無著者名古典のほか，映画，ビデオ，ビデオ・ゲームなどの動画作品が単独形になります。

いずれの場合も，他の実体の典拠形アクセス・ポイントと同じかもしくは類似している場合には，識別要素を付加して区別できるようにします。識別要素は，著作の形式，著作の日付，著作の成立場所，責任刊行者，著作のその他の特性ですが，これらを記録する順序は指定されていません。

「エレメントまたはエレメントのグループの記録の順序（中略）は，原則として規定しない。ただし，典拠形アクセス・ポイントの構築については，優先タイトルまたは優先名称に付加する識別要素の優先順位を規定する。」（#0.5.7）とあり，さらに個人，家族，団体の典拠形アクセス・ポイントの構築の規定では「必要な識別要素を付加して，次の順に記録する。」となっていますが，著作と表現形についてはこの「次の順に」という表記がありません。そのため，著作と表現形の典拠形アクセス・ポイントについては識別要素やその記録順は適宜判断して付加することになります。

優先タイトルが「第1部」「自然科学編」のような一般的な語句である場合は，これだけでは他の実体と区別し難いので，著作全体のタイトルを前に付加します。

> 人間の条件．第2部‖ニンゲン ノ ジョウケン．ダイ2ブ
>
> （優先タイトルは「第2部」）

太平記．巻第4‖タイヘイキ．カン ダイ 4
（優先タイトルは「巻第4」）

団体を創作者とみなすのは「団体に由来するか，団体が責任刊行したか，または責任刊行させた著作で，次のいずれかに該当するものである。」として，「#22.1.1A 団体を創作者とみなす著作」と「#44.1.1A1 著作の創作に責任を有する団体」に規定があります。当然その内容は同じなのですが例が異なりますので表15に両方をまとめておきます。

表15　創作者とみなす団体

タイトル	創作者とみなす団体	役割[11]	条項番号
a）団体の管理的な性格の著作			
①内部方針，手続き，財政，運用			
公立大学法人首都大学東京規程集	首都大学東京		#22.1.1A
定款及び諸規程	名古屋穀物砂糖取引所		#22.1.1A
岩手県（ホームページのタイトル）	岩手県	著者	#44.1.1A1
②役員，職員，会員（例：名簿）			
役員名簿	日本公認会計士協会		#22.1.1A
日本建築学会会員名簿	日本建築学会		#22.1.1A
日本癌学会会員名簿	日本癌学会	著者	#44.1.1A1
③資源（例：目録，財産目録）			
国書漢籍蔵書目録	三重県立図書館		#22.1.1A
幕末・明治期日本古写真コレクション目録	長崎大学．附属図書館		#22.1.1A
善本圖録	天理図書館	著者	#44.1.1A1

11：役割は #44.1.1A のみに明示されています。

④沿革（例：社史）			
大正製薬百年史	大正製薬株式会社		#22.1.1A
社団法人日本プロゴルフ協会 30 年史	日本プロゴルフ協会		#22.1.1A
三井信託銀行 70 年のあゆみ	三井信託銀行株式会社	著者	#44.1.1A1
b）団体の集団的意思を記録した著作（例：委員会や審議会などの報告，対外政策に関する立場を示した公式見解，白書，規格）			
最終答申（1990）	臨時行政改革推進審議会		#22.1.1A
収集方針と図書館の自由	日本図書館協会．図書館の自由に関する調査委員会		#22.1.1A
地球社会に貢献する大阪を目指して	大阪府	著者	#44.1.1A1
c）団体の集団的活動を報告した著作			
①会議（例：議事録，予稿集）			
那覇市議会会議録	那覇市．議会		#22.1.1A
日本西洋史学会大会報告集	日本西洋史学会．大会（第 66 回：2016：東京）		#22.1.1A
熊本の地理と地名	熊本地名シンポジウム	著者	#44.1.1A1
②調査団・視察団（例：調査報告）			
石見銀山歴史文献調査報告書	石見銀山歴史文献調査団		#22.1.1A
フランスに見る学校図書館専門職員	フランス学校図書館研究視察団		#22.1.1A
野尻湖の発掘写真集	野尻湖発掘調査団	著者	#44.1.1A1
③公聴会			
東京都目黒清掃工場建設事業に係る環境影響評価に関する公聴会記録	東京都．環境保全局．環境管理部		#22.1.1A

東京都中野区議会区長 選出対策特別委員会 公聴会記録	東京都中野区．議会	著者	#44.1.1A1
④催し（例：展覧会，博覧会，祝祭の案内）			
平安古筆の名品	五島美術館		#22.1.1A
2005 年日本国際博覧会 公式記録	2005 年日本国際博覧会 協会		#22.1.1A
別府アルゲリッチ音楽祭 公式報告書	別府アルゲリッチ音楽祭	著者	#44.1.1A1
d）演奏・演技グループが，単に演奏・演技するだけではなく，創作にも相当程度関与した著作			
Free jazz	Ornette Coleman Double Quartet	作曲者	#44.1.1A1
e）団体に由来する地図著作（団体の責任が出版・頒布のみに存する場合は除く。）			
新コンパクト地図帳	二宮書店		#22.1.1A
日本地質図	地質調査総合センター		#22.1.1A
弘前	国土地理院	著者	#44.1.1A1
f）法令等			
日本国憲法	なし		#22.1.1A
焼津市例規集	焼津市		#22.1.1A
都民の健康と安全を確保する環境に関する条例	東京都	制定法 域団体	#44.1.1A1
g）複数の美術制作者が集合した団体による，タイトルを有する個別の美術著作			
Tristan et Yseult	Daum Frères	美術制 作者	#44.1.1A1

（2）著作の関連

a. 基本的関連(1)：著作から表現形への関連（#42.1）

著作のデータとして，その著作を表現した表現形にどのようなものがあるのかを，表現形の典拠形アクセス・ポイントや表現形の識別子で表します。

b. 基本的関連(2)：著作から体現形への関連（#42.3）

表現形の情報を記録しない場合に，著作のデータとして，その著作を具体化した体現形にどのようなものがあるのかを，体現形の典拠形アクセス・ポイントや体現形の識別子で表します。

c. 資料に関するその他の関連(1)：著作間の関連（#43.1, #C.1.1）

その著作と関連のある別の著作に何があるかということと，どのような関係であるかという情報を記録します。「#C.1.1 著作間の関連」に関連指示子の一覧表がありますが，おもなもの一部を抜粋して表16に再掲します。

表16　著作間の関連指示子（抜粋）

#C.1.1.1 著作の派生の関連	
原作（著作）	**派生（著作）**
自由訳の対象（著作） その趣旨が保持されたまま，自由に翻訳された著作。	**自由訳（著作）** 記述対象の趣旨を保持したまま，自由に翻訳した著作。

抄録の対象（著作） 記述対象によって，簡略かつ客観的に短縮された著作。	**抄録（著作）** 記述対象を簡略かつ客観的に短縮した著作。
翻案の原作（著作） 記述対象によって，当初意図されていなかった目的や手段で使用するために改変された著作。形式が変更されたり，同じ形式で完全に書き直されたりすることがある。	**翻案（著作）** 記述対象を当初意図されていなかった目的や手段で使用するために，改変した著作。形式を変更したり，同じ形式で完全に書き直したりすることがある。
映画化の原作（著作） 記述対象によって，映画として翻案された著作。	**映画化（著作）** 記述対象を基に作成された映画。
脚本化の原作（著作） 記述対象によって，映画，テレビ番組，ビデオ作品の脚本として翻案された著作。	**脚本化（著作）** 記述対象を基に作成された映画，テレビ番組，ビデオ作品の脚本から成る著作。
映画の脚本化の原作（著作） 記述対象によって，映画の脚本として翻案された著作。	**映画の脚本化（著作）** 記述対象を基に作成された映画の脚本から成る著作。
小説化の原作（著作） 記述対象によって，小説として翻案された著作。	**小説化（著作）** 記述対象から翻案された小説。
ドラマ化の原作（著作） 記述対象によって，ドラマとして翻案された著作。	**ドラマ化（著作）** 記述対象から翻案されたドラマ。

漫画化の原作（著作） 記述対象によって，漫画として翻案された著作。	**漫画化（著作）** 記述対象を基に作成された漫画。

#C.1.1.2 著作の参照の関連

その著作を記念した著作 記述対象を記念した著作。	**記念の対象とされた著作** 記述対象によって記念された著作。

#C.1.1.3 著作の全体・部分の関連

上位（著作） 記述対象が構成要素の一つである上位の著作。	**下位（著作）** 記述対象を構成する下位の著作。
上位のシリーズ 記述対象がそのサブシリーズとして属する上位のシリーズ。	**サブシリーズ** 記述対象に属するサブシリーズ。
シリーズ 記述対象がその一部として属するシリーズ。	**シリーズの一部** 記述対象に属するシリーズの一部。

#C.1.1.4 著作の付属・付加の関連

相互補完（著作） 記述対象と主従関係がなく，一対である著作。	**相互補完（著作）** 記述対象と主従関係がなく，一対である著作。
脚本（著作） 記述対象の映画，テレビ番組，ビデオ作品の脚本とされた著作。	**脚本が使用された著作** 記述対象を脚本として使用した映画，テレビ番組，ビデオ作品の著作。
映画の脚本（著作） 記述対象の映画の脚本とされた著作。	**脚本が使用された映画（著作）** 記述対象を脚本として使用した映画の著作。

使用された音楽（著作） 記述対象の映画，演劇，テレビ番組等で使用された音楽作品。	**音楽が使用された著作** 記述対象の音楽作品を使用した映画，演劇，テレビ番組等の著作。
映画音楽（著作） 記述対象の映画で使用された音楽作品。	**音楽が使用された映画（著作）** 記述対象の音楽作品を使用した映画の著作。
本体（著作） 別の著作によって，内容が追加された著作。	**付属（著作）** 主要な著作に内容を追加した著作。
索引の対象（著作） 記述対象の索引の対象とされた著作。	**索引（著作）** 記述対象に対する索引。

#C.1.1.5 著作の連続の関連

先行（著作） 時系列や話の筋において，記述対象に先行する著作。	**後続（著作）** 時系列や話の筋において，記述対象に後続する著作。
過去編 記述対象の話の筋を過去に遡って拡張した著作。	**正編** 記述対象によって，その話の筋が過去に遡って拡張された著作。
前編 記述対象によって，その話の筋が継続された著作。	**続編** 記述対象の話の筋を継続した著作。
継続前（著作） 記述対象の内容が継続された著作。一般に逐次刊行物に適用する。	**継続後（著作）** その内容が記述対象を継続した著作。一般に逐次刊行物に適用する。

例えば，有川浩の小説『図書館戦争』は四部作です。最初が『図書館戦争』というタイトルで，以下『図書館内乱』『図書館危機』『図書館革命』と続きます。このような連続を表すのが「連続の関連」です。関連指示子は「先行（著作）↔後続（著作）」ですが，さらに詳細な関連指示子として「前編↔後編」というものも用意されています。文庫版の『図書館戦争』には「図書館戦争シリーズ」と表示されているので一連の作品をシリーズ名でまとめて検索することができますが，単行本にはシリーズ名が表示されていないので，この4冊をまとめて検索することはできません。このとき，連続の関連を記録しておくことで一連の作品を確実に検索して表示させることができるようになります。

記録する場合は，例えば『図書館戦争』の情報として続編に『図書館内乱』があること，『図書館内乱』の情報として前編が『図書館戦争』であること，等を記録します（図26。記述例は表32）。

図26　『図書館戦争』の著作間の関連

d. 著作と個人・家族・団体との関連（#44.1，#C.2.1）

創作者	#44.1.1	#C.2.1A
著作と関連を有する非創作者	#44.1.2	#C.2.1B

著作と個人・家族・団体との関係としては創作者と非創作者があります。創作者は著者，編纂者，作曲者など，著作の創作に責任を有する個人・家族・団体です。団体が創作者となる条件については本節（1）b. 著作のアクセス・ポイントの構築（#22）を参照してください。

非創作者には書簡の名宛人や記念論文集の被記念者などがありますが，映画監督や，創作者とはみなされない責任刊行者の団体も該当します。

e. 資料と主題との関連（#45，保留）

主題を持つのは著作だけですので，著作と主題との関連を記録するエレメントです。主題の実体としては概念，物，出来事，場所が用意されていますが，これら以外にも個人，家族，団体や著作，表現形，体現形，個別資料も主題となることがあります。例えばオースティンの伝記はオースティンという個人が主題ですし，『オースティンの『高慢と偏見』を読んでみる：「婚活」マニュアルから「生きる」マニュアルへ』という図書の主題は『高慢と偏見』の著作が主題です。また特定の翻訳を論じた資料はその表現形が主題になります。ただし肝心の「概念，物，出来事，場所」については場所以外は規則が「保留」になっていますので，実際には分類記号や件名標目を使用することになるでしょう。主題を表す実体がどれかという情報を記録するので，属性ではなく関連として記録します。

表17　著作と関連する主題の記録

	エレメント名	サブエレメント名または関連指示子	データ	条項番号
属性	著作の優先タイトル		オースティンの『高慢と偏見』を読んでみる‖オースティン ノ「コウマン ト ヘンケン」オ ヨンデ ミル	#4.1
	著作の日付		2017	#4.4
	著作の識別子		—	
典拠形アクセス・ポイント			鹿島, 樹音‖カシマ, ジュオン. オースティンの『高慢と偏見』を読んでみる‖オースティン ノ「コウマン ト ヘンケン」オ ヨンデ ミル	#22.1
関連	著作と関連を有する個人	著者	鹿島, 樹音‖カシマ, ジュオン	#44.1.1
	資料と関連を有する主題	著作	Austin, Jane, 1775-1817. Pride and prejudice	#45

6．表現形

表 18　表現形のデータ（自負と偏見）

	エレメント名	サブエレメント名または関連指示子	データ	条項番号
属性	表現種別		テキスト	#5.1
	表現形の日付		1960	#5.2
	表現形の言語		日本語	#5.3
	表現形の識別子		—	#5.5
	付加的内容		付：解説	#5.16
典拠形アクセス・ポイント			Austin, Jane, 1775-1817. Pride and prejudice. 日本語. 1960（中野好夫）	#23.1
関連	表現形から著作への関連		Austin, Jane, 1775-1817. Pride and prejudice	#42.2
	表現形と関連を有する個人・家族・団体	訳者	中野，好夫‖ナカノ，ヨシオ，1903-1985	#44.2.1

表 19　コア・エレメント（表現形）

	エレメント名	条件	条項番号
属性	表現種別		#5.1
	表現形の日付	表現種別（と言語）だけでは同一著作の他の表現形と判別できない場合	#5.2
	表現形の言語	言語を含む内容から成る場合	#5.3

	表現形のその他の特性	同一著作の他の表現形と判別するために必要な場合	#5.4
関連	表現形から著作への関連		#42.2

（1）表現形の属性

a. 表現形の属性の記録（#5）

表現形にはタイトルがありません。典拠形アクセス・ポイントの一部として著作のタイトルを使用しますので，これにより識別できます。ある著作が特定の言語や演奏手段によって表現された実体が表現形ですので，これらの属性や関連を記録します。

#5.1 表現種別

表現形の形式を表す語をNCR2018の表5.1.3から選択します。「テキスト」「楽譜」「地図」「二次元動画」「話声」「演奏」などがありますが，表に適切な語が無い場合は「その他」とします。

#5.2 表現形の日付

その表現形に関係する最も早い日付で，著作の日付と同じく，最も早い体現形の日付を表現形の日付として扱うことができます。

原則として年だけですが，年だけでは他の表現形と区別できない場合は月や日まで記録します。

#5.3 表現形の言語

その表現形において著作を表現している言語であり，記述対象が言語を含む場合はその言語を記録します。特に語の一覧は用意されてないので，適切な用語を決めるか，もしくは任意のリスト（例えばISO639など）を使用します。

『高慢と偏見』という小説の場合，原著であれば「英語」や

「eng」，邦訳であれば「日本語」や「jpn」などとなります。

#5.4 表現形のその他の特性

表現種別，日付，言語だけでは同じ著作の他の表現形と区別できない場合はコア・エレメントになります。どのような情報を記録するかは明示されておらず，「表現形と結びつく情報」としか規定されていませんが，例としては「増補改訂版」のような版の情報，「村上春樹」のような翻訳者が挙げられています。他の表現形との識別に有効な情報を選んで記録することになります。

#5.10 内容の要約

文字どおりの要約やあらすじ以外にも，例として「イソップ物語の「アリとキリギリス」に基づく仕掛け絵本」「原作の縮約の朗読」のような内容を端的に表す情報が挙げられています。

#5.12 内容の言語

「資料の内容を表現する言語」とあります。定義だけでは #5.3 表現形の言語との違いがわかりませんが，例によると「表現形の言語」（#5.3）は「ロシア語」のように言語名のみを記録しますが，この「内容の言語」では言語の詳細を記録することができるようです。NCR1987 の言語に関する注記に相当します。

| 注釈は日本語

| 本文はラテン語，英文併記

| 音声：フランス語，字幕：英語

#5.15 図

資料に図がある場合，表現形の属性として記録します。「図あり」と記録するか，NCR2018 表 5.15.0.2 の用語から選んで「図あり，肖像」「肖像」のように記録します。適切な語が表にない場合は適宜追加して記録します。

#5.16 付加的内容

「索引あり」「参考書誌: p597–784」「付: 解説」のような情報を記録します。

#5.17 色彩

資料の色について「単色」「多色」のいずれかを記録します。この二つ以外の情報を記録したい場合は色彩の詳細として「2 色刷」「カラー（一部白黒)」などを記録することができます（#5.17.0.3)。

b. 表現形のアクセス・ポイントの構築（#23)

その著作に対する典拠形アクセス・ポイントに加えて，識別要素として表現種別，表現形の日付，表現形の言語，表現形のその他の特性の中から一つ以上を付加して構築します。

「著作または著作の部分の，特定の表現形に対する典拠形アクセス・ポイントは，その著作または著作の部分に対する典拠形アクセス・ポイントに，次の中から一つ以上の適切な識別要素を付加して構築する。」(#23.1 表現形に対する典拠形アクセス・ポイントの構築）となっていて，複数の識別要素を記録する際の優先順位やそれぞれを区切る記号については規定がありません。NCR2018では「リルケ，ライナー マリア，1875–1926. 全集 || ゼンシュウ. 日本語 (1973)」という例が挙げられています。著作の典拠形アクセス・ポイントである「リルケ，ライナー マリア，1875–1926. 全集 || ゼンシュウ」の後ろに，仮に「. 」で区切って識別要素として言語と表現形の日付「日本語（1973)」をつなげてありますが，この「( )」も規定にはありませんので仮にこうしてあるだけです。

『高慢と偏見』のように複数の訳者が翻訳している作品については，識別要素として翻訳者も付加すると識別に有効です。例えば

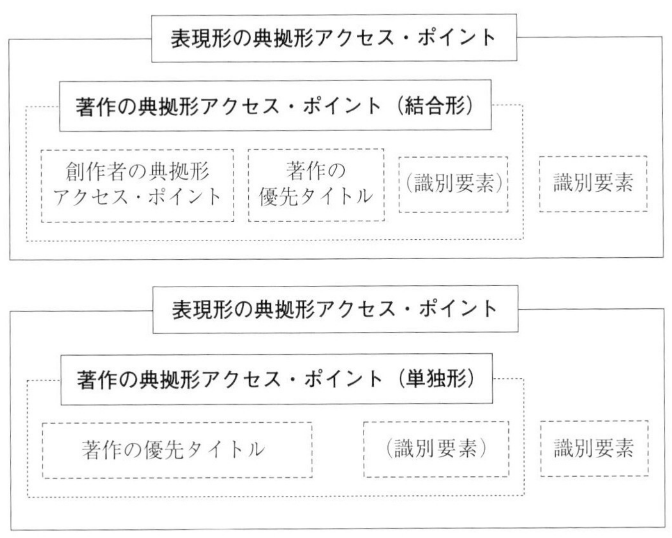

図 27　表現形の典拠形アクセス・ポイントの構造

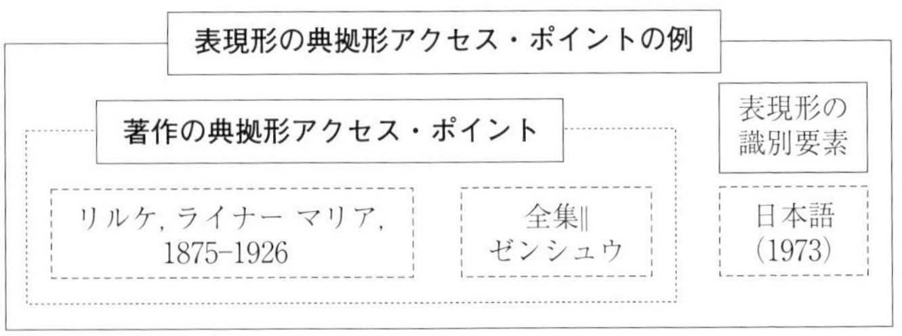

図 28　表現形の典拠形アクセス・ポイントの例

「Austine, Jane, 1775-1817. Pride and prejudice. 日本語（大島一彦)」とします。

しかし，サン＝テグジュペリの『星の王子さま』も複数の訳者が翻訳していますが，そのうち芹生一訳には『星から来た王子』（2009年）と『新訳星の王子さま』（2018年）の2種類の翻訳があります。同じ翻訳者でも新しく訳しなおした場合は本文が異なりますので別の表現形になります。表現形の属性にはタイトルがないためタイトルでは区別することができませんので，訳者だけでなく表現形の日付が識別に有効です。

『星から来た王子』の表現形の典拠形アクセス・ポイント：
Saint-Exupéry, Antoine de 1900-1944. Le petit prince. 日本語（芹生一，2009）

『新訳星の王子さま』の表現形の典拠形アクセス・ポイント：
Saint-Exupéry, Antoine de 1900-1944. Le petit prince. 日本語（芹生一，2018）

（2）表現形の関連

a. 資料に関するその他の関連(2)：表現形間の関連（#43.2, #C.1.2）

「#C.1.2 表現形間の関連」から，一部を抜粋して再掲します。

表20　表現形間の関連指示子（抜粋）

#C.1.2.1 表現形の派生の関連	
原作（表現形）	**派生（表現形）**
改訂の対象（表現形） 更新，修正または増補された版のベースとして使われた著作の表現形。	**改訂** 更新，修正または増補された著作の表現形。

抄録の対象（表現形） 記述対象によって，簡略かつ客観的に短縮された著作の表現形。	**抄録（表現形）** 記述対象が，簡略かつ客観的に短縮した著作の表現形。
翻案の原作（表現形） 記述対象によって，当初意図されていなかった目的や手段で使用するために改変された著作の表現形。	**翻案（表現形）** 記述対象を当初意図されていなかった目的や手段で使用するために改変した著作の表現形。
映画化の原作（表現形） 記述対象によって，映画として翻案された著作の表現形。	**映画化（表現形）** 記述対象を基に作成された映画。
脚本化の原作（表現形） 記述対象によって，映画，テレビ番組，ビデオ作品の脚本として翻案された著作の表現形。	**脚本化（表現形）** 記述対象を基に作成された映画，テレビ番組，ビデオ作品の脚本から成る著作の表現形。
映画の脚本化の原作（表現形） 記述対象によって，映画の脚本として翻案された著作の表現形。	**映画の脚本化（表現形）** 記述対象を基に作成された映画の脚本から成る著作の表現形。
小説化の原作（表現形） 記述対象によって，小説として翻案された著作の表現形。	**小説化（表現形）** 記述対象から翻案された小説の表現形。
ドラマ化の原作（表現形） 記述対象によって，ドラマとして翻案された著作の表現形。	**ドラマ化（表現形）** 記述対象から翻案されたドラマの表現形。

漫画化の原作（表現形） 記述対象によって，漫画として翻案された著作の表現形。	**漫画化（表現形）** 記述対象を基に作成された漫画。
翻訳の対象 記述対象と異なる言語に翻訳された著作の表現形。	**翻訳** 記述対象と異なる言語に翻訳した著作の表現形。

#C.1.2.3 表現形の全体・部分の関連

上位（表現形） 記述対象が構成要素の一つである上位の著作。	**下位（表現形）** 記述対象を構成する下位の著作の表現形。

#C.1.2.4 表現形の付属・付加の関連

相互補完（著作） 記述対象と主従関係がなく，一対である著作の表現形。	**相互補完（著作）** 記述対象と主従関係がなく，一対である著作の表現形。
脚本（著作） 記述対象の映画，テレビ番組，ビデオ作品の脚本とされた著作の表現形。	**脚本が使用された著作** 記述対象を脚本として使用した映画，テレビ番組，ビデオ作品の著作の表現形。
映画の脚本（表現形） 映画の脚本とされた著作の表現形。	**脚本が使用された映画（表現形）** 記述対象を脚本として使用した映画の著作の表現形。
使用された音楽（表現形） 映画，演劇，テレビ番組等で使用された音楽作品の表現形。	**音楽が使用された表現形** 音楽作品を使用した映画，演劇，テレビ番組等の著作の表現形。

映画音楽（表現形） 映画で使用された音楽作品の表現形。	**音楽が使用された映画（表現形）** 音楽作品を使用した映画の著作の表現形。
本体（表現形） 別の表現形によって，内容が追加された著作の表現形。	**付属（表現形）** 主要な表現形に内容を追加した著作の表現形。
索引の対象（表現形） 索引の対象とされた著作の表現形。	**索引（表現形）** 記述対象に対する索引の表現形。

#C.1.2.5 表現形の連続の関連

先行（表現形） 時系列や話の筋において，記述対象に先行する著作の表現形。	**後続（表現形）** 時系列や話の筋において，記述対象に後続する著作の表現形。
差替前（表現形） 記述対象によって，その内容が差替えられた著作の表現形。	**差替後（表現形）** 記述対象と差替えられた著作の表現形。

「翻訳の対象」について補足します。

NCR2018では「記述対象と異なる言語に翻訳された著作の表現形」ですが，RDAでは「著作の，翻訳された，すなわち原著作とは異なる言語に表現された表現形」（An expression of a work that has been translated, i.e., the text expressed in a language different from that of the original work.）となっていて，原著の言語ではない翻訳から翻訳した場合（つまり重訳です）の対象を示すものであることが明示されています。

翻訳した資料は通常は著作―表現形という縦の関連（資料に関する基本的関連）だけを記録すれば良いのですが，他の言語に翻訳された表現形から翻訳したことを明確にするために，著作―表現形の関連だけでなく，翻訳の対象となった表現形がどれであるかを表現形—表現形の関連として記録することができるわけです（図29）。

例えば映画にもなったM.クンデラの『存在の耐えられない軽さ』という小説は，最初チェコ語で書かれ，日本語訳も出版されました。その後本人によってフランス語に翻訳されており，これにも日本語訳があります。後者の場合はオリジナルのチェコ語の翻訳ではなく，フランス語版からの翻訳である旨を記録すると，利用者が資

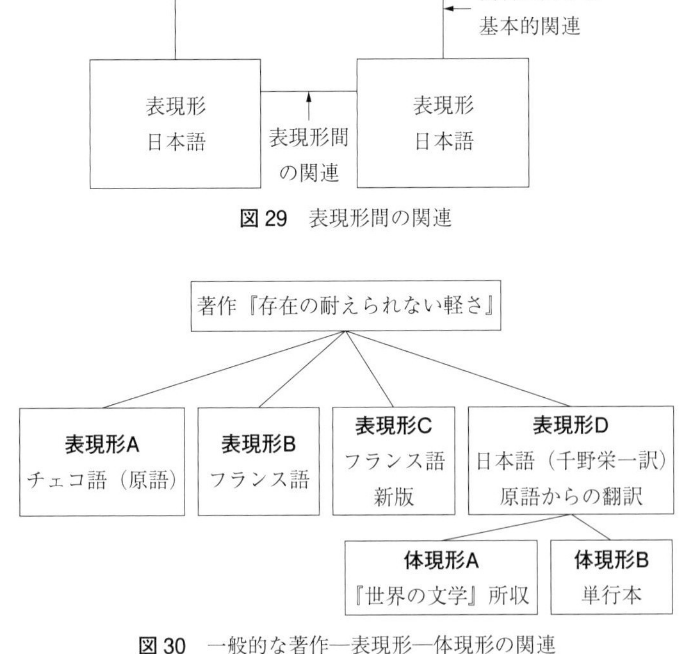

図29　表現形間の関連

図30　一般的な著作—表現形—体現形の関連

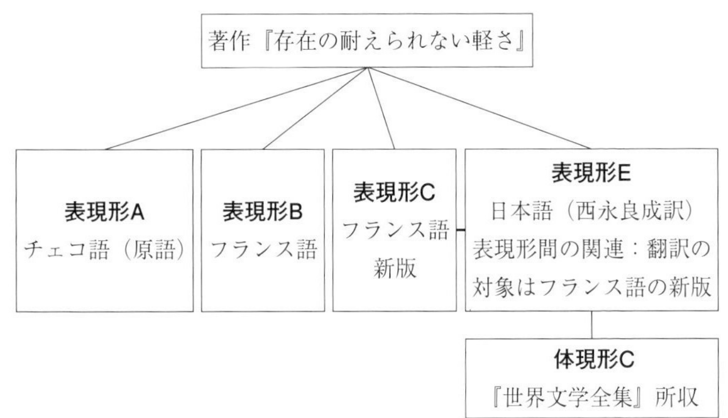

図 31　表現形間の関連を記録する場合

料を選択する際の参考になるでしょう（図 30，31）。

b. 表現形と個人・家族・団体との関連（#44.2，#C.2.2）

表現形と関連する個人・家族・団体は寄与者です。「編者」「訳者」のほか，「注釈者」「演者」「歌唱者」「器楽奏者」「指揮者」「俳優」などがあります。

7．体現形

表21　体現形のデータ（『自負と偏見』）

	エレメント名	サブエレメント名または関連指示子	データ	条項番号
属性	本タイトル＜タイトル＞		自負と偏見	#2.1.1
	本タイトルに関係する責任表示＜責任表示＞		オースティン	#2.2.1
			中野好夫訳	
	版表示	版次		#2.3
	出版表示	出版地	東京	#2.5.1
		出版者	新潮社	#2.5.3
		出版日付	1997.7.30	#2.5.5
	著作権日付		©1963	#2.9
	シリーズ表示	シリーズの本タイトル	新潮文庫	#2.10.1
		シリーズ内番号	オ-3-3	#2.10.8
	機器種別		機器不用	#2.15
	キャリア種別		冊子	#2.16
	数量		606 p	#2.17
	大きさ		16 cm	#2.18
	体現形の識別子		ISBN4-10-213103-5	#2.34
	入手条件		705円	#2.35
アクセス・ポイント			[保留]	#24

関連	体現形から表現形への関連（関連する表現形）		Austin, Jane, 1775-1817. Pride and prejudice. 日本語. 1963（中野好夫）	#42.6
	体現形間の関連	上位（体現形）	新潮文庫. — 東京：新潮社, 1914.9-	#43.3
	体現形と関連を有する個人・家族・団体	出版者	新潮社 ‖ シンチョウシャ	#44.3

表 22　コア・エレメント（体現形）

	エレメント名		条件	条項番号
属性	本タイトル＜タイトル＞			#2.1.1
	本タイトルに関係する責任表示＜責任表示＞		（複数存在する場合は最初に記録する一つ）	#2.2.1
	版表示	版次		#2.3.1
		付加的版次		#2.3.5
	逐次刊行物の順序表示		（順序表示の方式が変化した場合は，初号の巻次および（または）年月次については最初の方式のもの，終号の巻次および（または）年月次については最後の方式のもの）	#2.4
	初号の巻次＜逐次刊行物の順序表示＞			#2.4.1
	初号の年月次＜逐次刊行物の順序表示＞			#2.4.2
	終号の巻次＜逐次刊行物の順序表示＞			#2.4.3

	終号の年月次＜逐次刊行物の順序表示＞			#2.4.4
	出版表示	出版地	（複数存在する場合は最初に記録する一つ）	#2.5.1
		出版者	（複数存在する場合は最初に記録する一つ）	#2.5.3
		出版日付	（複数の種類の暦によって表示されている場合は，優先する暦のもの）	#2.5.5
	非刊行物の制作表示	非刊行物の制作日付	（複数の種類の暦によって表示されている場合は，優先する暦のもの）	#2.8.5
	シリーズ表示	シリーズの本タイトル		#2.10.1
		シリーズ内番号		#2.10.8
		サブシリーズの本タイトル		#2.10.9
		サブシリーズ内番号		#2.10.16
	数量		• 資料が完結している場合 • 総数が判明している場合	#2.17
	体現形の識別子		（複数ある場合は国際標準の識別子）	#2.34
関連	体現形から表現形への関連		（複数の表現形が一つの体現形として具体化された場合は，顕著にまたは最初に表示されている表現形への関連）	#42.6

	体現形から著作への関連	著作と体現形を直接に関連付ける場合 （複数の著作が一つの体現形として具体化された場合は，顕著にまたは最初に表示されている著作への関連）	#42.4

（1）体現形の属性

a. 体現形の属性の記録（#2）

#2.1 タイトル

体現形のタイトルは転記するエレメントです（#1.10）。このように統制形をとらないエレメントにおいては「必要に応じてその読みを記録することができる。」（#1.12 読み）となっています。

なお，シリーズ名はシリーズ表示という別のエレメントですので，#2.10 シリーズ表示で規定されています。

#2.1.1 本タイトル

部編名について，『ゲド戦記』における「影との戦い」のようにその部編名だけで「十分識別できる」場合には部編名を本タイトルとしますが，これだけでは「識別が困難」である場合は共通する部分である共通タイトル，部編名の順に記録して，全体を本タイトルとして扱います。（#2.1.1.2.8B）

｜ わかさ美浜町誌．総目次・総索引

｜ 新・医用放射線技術実験．臨床編

｜ 検索入門野鳥の図鑑．水の鳥

｜ 5万分1 北海道区分図．函館

｜ フランス古典歌曲集．メゾ・アルト編

なお，著作については共通タイトルを付さずに部編名だけを著作の優先タイトルとします（本章5（1）著作の属性 参照)。

ルビは本タイトルとしては記録せず，識別またはアクセスに重要な場合に限って異形タイトルとして記録します（表24)。

#2.1.3 タイトル関連情報

「本タイトルを限定，説明，補完する表示」で，地図資料における対象地域と主題を表す語および動画資料における予告編であることを示す語を除いて，本タイトルと同じ情報源にあるものを記録します。

表23　タイトル関連情報の例

本タイトル	タイトル関連情報
英語通訳への道	通訳教本
ザ・レーガン・スピーチ	勝利を呼ぶコミュニケーション術
超国家主義の論理と心理	他八篇
詩曲一番	箏と尺八のための
時の顔	88-4
空にかける階段	72Ⅱ

#2.1.5 先行タイトル

更新資料において，本タイトルが変化する前のタイトルです。「識別またはアクセスに重要な場合に記録」します。

#2.1.6 後続タイトル

複数巻単行資料の本タイトルが変化した場合や，逐次刊行物の本タイトルに軽微な変化（Ⅱ部2章2. 逐次刊行物 参照）があった場合に，変化後のタイトルを記録します。「識別またはアクセスに重要な場合に記録する」となっています。

#2.1.9 異形タイトル

体現形と結び付けられるその他のタイトルを異形タイトルとして記録することができます。資料に表示された別のタイトルや，ルビを含むタイトルなどがあります。

タイトルに併記された小さな文字は，もとの文字との関係によって扱いが異なります。それが特殊な読みを示すルビ（振り仮名）である場合は，ルビのないタイトルを本タイトルとし，ルビを丸がっこに入れて付加した形を異形タイトルとして記録します（#2.1.1.2.3 ルビ，#2.1.9.2.1 ルビを含むタイトル）。

しかし併記された小さな文字が「同義語による別の表現，原語形とその略語，外来語とその原語など」である場合は，小さな文字のないタイトルを本タイトルとし，小さな文字をタイトルとして採用した形を異形タイトルとして記録します（#2.1.1.2.4 併記された語句，#2.1.9.2.2 併記された語句を含むタイトル）。一覧にしたのが表24です。

表 24　タイトルに併記された小さな文字の扱い

<table>
<tr><th>表示されているタイトル</th><th>小さな文字の種類</th><th colspan="2">記録するタイトル</th></tr>
<tr><td rowspan="2">　　こころ
青い思想</td><td rowspan="2">振り仮名</td><td>本タイトル</td><td>青い思想</td></tr>
<tr><td>異形タイトル</td><td>青い思想（こころ）</td></tr>
<tr><td rowspan="2">誰でもわかる！
BSE
狂牛病対策マニュアル</td><td rowspan="2">同義語による別の表現</td><td>本タイトル</td><td>誰でもわかる！狂牛病対策マニュアル</td></tr>
<tr><td>異形タイトル</td><td>誰でもわかる！BSE対策マニュアル</td></tr>
</table>

ツイッター(twitter)完全活用術	外来語とその原語	本タイトル	ツイッター完全活用術
		異形タイトル	twitter 完全活用術
Android(アンドロイド) アプリ事典		本タイトル	Android アプリ事典
		異形タイトル	アンドロイドアプリ事典

#2.2 責任表示

#2.2.1 本タイトルに関係する責任表示

個人・家族・団体の名称と，その役割を示す語句を転記します。原則として，役割ごとに別のエレメントとして記録し，同一の役割は一つのエレメントとして記録します。役割を示す語句は，表示されていない場合は記録しなくても良いのですが，必要に応じて補います。NCR1987 では“[ ]”で括っていましたが，NCR2018 では“[ ]”に限らず，何らかの方法で補ったことがわかるように記録するという規則になりました。また，役割を示す語句が個人・家族・団体の前に表記されていた場合，役割を後ろに移動するという規則はありません。「編集 国立国会図書館総務部」のようにそのまま記録します。このとき，NCR2018 の例では役割を示す語と個人・家族・団体の名称との間にスペースを空けてありますが，規則としては明記されていません。表示されているままに転記すれば良いでしょう。

> 東野圭吾作
>
> 中尾俊之，酒井謙，金澤良枝，菅野丈夫編
>
> ケンブリッジ大学政治学教授デイヴィッド・ランシマン著
>
> 編集 国立国会図書館総務部
>
> 監修: 平野健次

なお，NCR1987のように所属団体の名称や肩書などを表す語を省略したり，同一の役割の4人や4団体以上の責任表示について，最初のものだけを記録して他を省略したりする任意省略も用意されています。

#2.3 版表示

#2.3.1 版次

表現形のその他の特性としても版についての情報を記録することができましたが，資料に表示されている版表示は体現形の属性としても記録します。こちらはコア・エレメントですので，あれば必ず記録します。

版に関する情報を，なぜ表現形と体現形との双方に記録するのかというと，表現形の版はその資料の内容に関する版を記録するもので，体現形の版表示は体現された入れ物についての版を記録するものだからです。ほとんどの場合に両者は一致するため，例えば表現形のその他の特性と体現形の版次として同じ「改訂版」と記録することができます（図32）。しかしながら表現形は同じものなのに体現形の版が異なることがあります。例えば，新装版，革装版と並装版，ポケット版と机上版，DVD版とBlu-ray版などは，内容が同じで入れ物の装丁や形態が異なるだけであれば，同じ表現形に対する異なる体現形として扱います（図33）。また，特に装丁などに相違が無くても，資料に改版と表示されていれば印刷に使用した原版が異なると考えられますので別の体現形として扱いますが，内容は同じ表現形である場合もあります（図34, 35）。このような場合の版は体現形の属性としてのみ記録し，表現形には記録しません（図36）。また，複製版や復刻版なども，装丁や形態に相違がなくても出版者や出版年が異なるために別の体現形となります。例えば中世

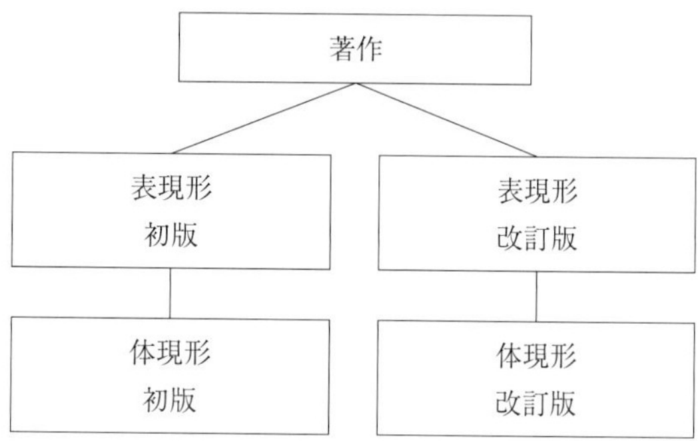

図 32　内容に相違のある版表示の記述

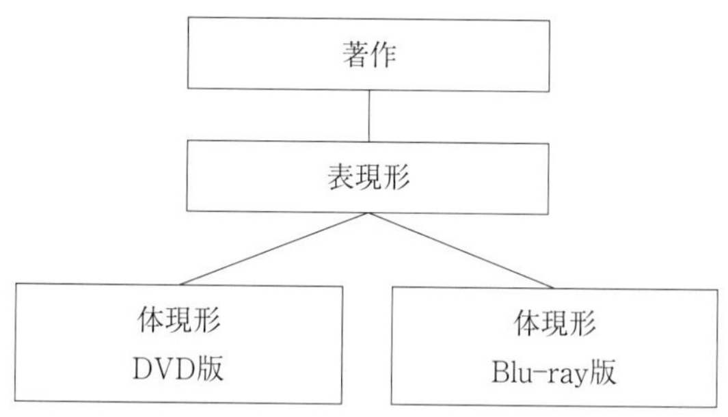

図 33　入れ物の相違のみを表す版表示の記述

中公新書 599

波多野誼余夫
稲垣佳世子 著

無気力の心理学

やりがいの条件

中央公論社刊

波多野誼余夫（はたの・ぎよお）

1958年，東京大学教育学部教育心理学科卒業．1964年，同大学院博士課程修了．現在，独協大学教授．専攻，発達心理学，認知科学．

著書『入門教育心理学』〔共著〕（有斐閣），『自己学習能力を育てる』〔編著〕『認知心理学講座 4．学習と発達』〔編〕『言葉と認知』〔編著〕（いずれも東京大学出版会）

稲垣佳世子（いながき・かよこ）

1967年，お茶の水女子大学文教育学部教育学科卒業．1969年，同大学院修士課程修了．現在，千葉大学助教授．専攻，発達心理学，幼児教育学．

著書『知的好奇心』『人はいかに学ぶか』（中公新書），『知力の発達』『知力と学力』（岩波新書）〔以上波多野と共著〕，『ピアジェ理論と教育』〔編著〕（国土社）

無気力の心理学　1981年1月25日初版
中公新書 599　1990年12月20日19版
© 1981年
検印廃止

著者　波多野誼余夫
　　　稲垣佳世子
発行者　嶋中鵬二

本文印刷　三晃印刷
カバー印刷　大熊整美堂
製本　小泉製本

発行所　中央公論社
〒104 東京都中央区京橋2-8-7
振替東京2-34

Printed in Japan　ISBN4-12-100599-6

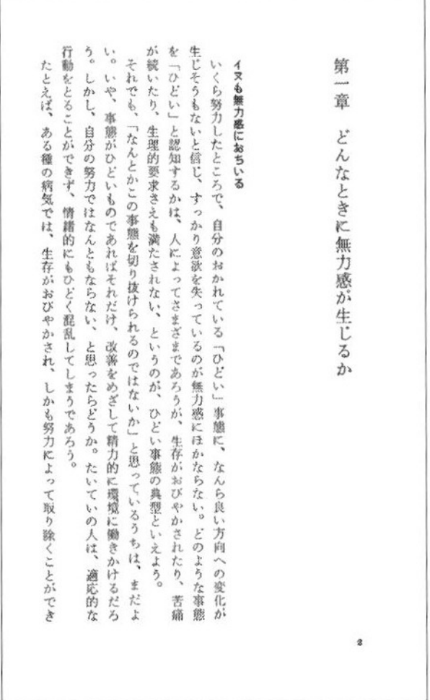

第一章　どんなときに無力感が生じるか

イヌも無力感におちいる

いくら努力したところで、自分のおかれている「ひどい」事態に、なんら良い方向への変化が生じそうもないと信じ、すっかり意欲を失っているのが無力感にほかならない。どのような事態を「ひどい」と認知するかは、人によってさまざまであろうが、生存がおびやかされたり、苦痛が続いたり、生理的要求さえも満たされない、というのが、ひどい事態の典型といえよう。

それでも、「なんとかこの事態を切り抜けられるのではないか」と思っているうちは、まだよい。いや、事態がひどいものであればそれだけ、改善をめざして精力的に環境に働きかけるだろう。しかし、自分の努力ではなんともならない、と思ったらどうか。たいていの人は、適応的な行動をとることができず、情緒的にもひどく混乱してしまうであろう。

たとえば、ある種の病気では、生存がおびやかされ、しかも努力によって取り除くことができ

3

図 34　『無気力の心理学』初版

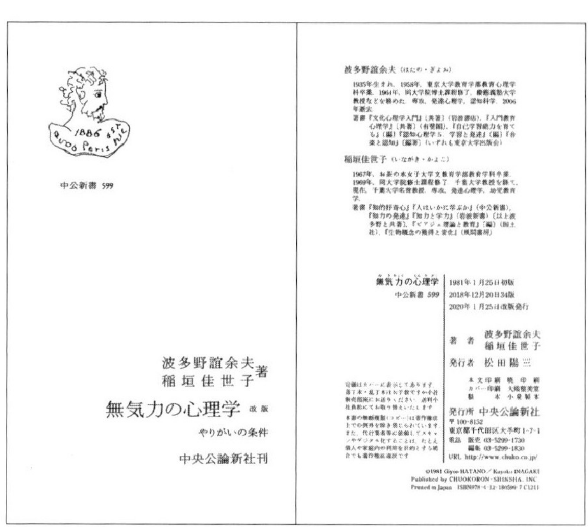

中公新書 599

波多野誼余夫
稲垣佳世子 著

無気力の心理学 改版

やりがいの条件

中央公論新社刊

波多野誼余夫（はたの・ぎよお）

1935年生まれ．1958年，東京大学教育学部教育心理学科卒業．1964年，同大学院博士課程修了．慶應義塾大学教授などを務めた．専攻，発達心理学，認知科学．2006年逝去．

著書『文化心理学入門』〔共著〕（岩波書店），『入門教育心理学』〔共著〕（有斐閣），『自己学習能力を育てる』（編）『認知心理学5　学習と発達』〔編〕『音楽と認知』〔編著〕（いずれも東京大学出版会）

稲垣佳世子（いながき・かよこ）

1967年，お茶の水女子大学文教育学部教育学科卒業．1969年，同大学院修士課程修了．千葉大学教授を経て，現在，千葉大学名誉教授．専攻，発達心理学，幼児教育学．

著書『知的好奇心』『人はいかに学ぶか』（中公新書），『知力の発達』『知力と学力』（岩波新書）（以上波多野と共著），『ピアジェ理論と教育』〔編〕（国土社），『生物概念の獲得と変化』（風間書房）

無気力の心理学
中公新書 599

1981年1月25日初版
2018年12月20日34版
2020年1月25日改版発行

著　者　波多野誼余夫
　　　　稲垣佳世子
発行者　松田陽三

本文印刷　暁印刷
カバー印刷　大熊整美堂
製　本　小泉製本

発行所　中央公論新社
〒100-8152
東京都千代田区大手町1-7-1
電話　販売 03-5299-1730
　　　編集 03-5299-1830
URL http://www.chuko.co.jp/

Published by CHUOKORON-SHINSHA, INC.
Printed in Japan　ISBN978-4-12-180599-7 C1211

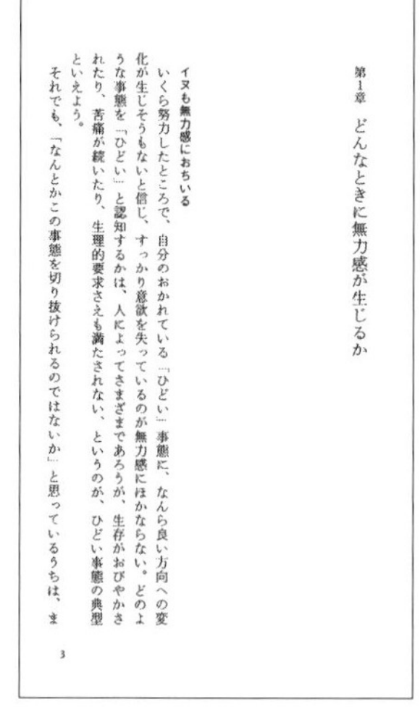

第1章　どんなときに無力感が生じるか

イヌも無力感におちいる

いくら努力したところで、自分のおかれている「ひどい」事態に、なんら良い方向への変化が生じそうもないと信じ、すっかり意欲を失っているのが無力感にほかならない。どのような事態を「ひどい」と認知するかは、人によってさまざまであろうが、生存がおびやかされたり、苦痛が続いたり、生理的要求さえも満たされない、というのが、ひどい事態の典型といえよう。

それでも、「なんとかこの事態を切り抜けられるのではないか」と思っているうちは、ま

3

図 35　『無気力の心理学』改版

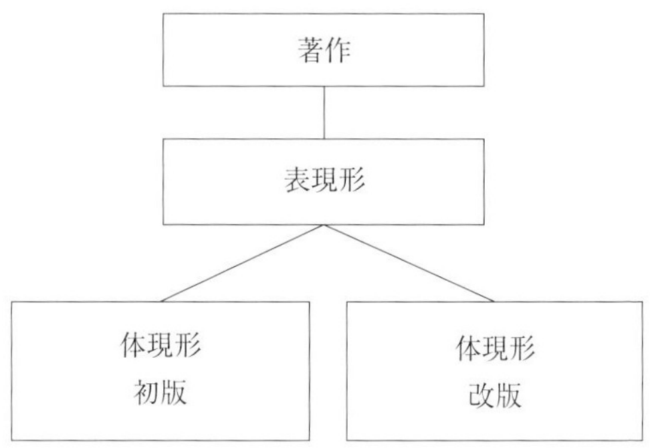

図 36　内容に相違のない版表示の記述

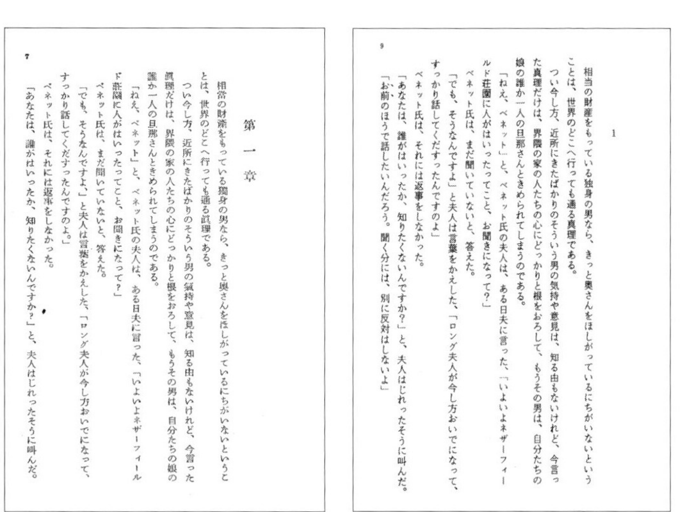

7

第一章

相當の財產をもっている獨身の男なら、きっと奧さんをほしがっているにちがいないということは、世界のどこへ行っても通る眞理である。

つい今し方、近所にきたばかりのそういう男の氣持や意見は、知る由もないけれど、今言った眞理だけは、界隈の家の人たちの心にどっかりと根をおろして、もうその男は、自分たちの娘の誰か一人の旦那さんときめられてしまうのである。

「ねえ、ベネット」と、ベネット氏の夫人は、ある日夫に言った、「いよいよネザーフィールド莊園に人がはいったってこと、お聞きになって？」

ベネット氏は、まだ聞いていないと、答えた。

「でも、そうなんですよ、」と夫人は言葉をかえした、「ロング夫人が今し方おいでになって、すっかり話してくだすったんですのよ。」

ベネット氏は、それには返事をしなかった。

「あなたは、誰がはいったか、知りたくないんですか？」と、夫人はじれったそうに叫んだ。

9

1

相当の財産をもっている独身の男なら、きっと奥さんをほしがっているにちがいないということは、世界のどこへ行っても通る真理である。

つい今し方、近所にきたばかりのそういう男の気持や意見は、知る由もないけれど、今言った真理だけは、界隈の家の人たちの心にどっかりと根をおろして、もうその男は、自分たちの娘の誰か一人の旦那さんときめられてしまうのである。

「ねえ、ベネット」と、ベネット氏の夫人は、ある日夫に言った、「いよいよネザーフィールド荘園に人がはいったってこと、お聞きになって？」

ベネット氏は、まだ聞いていないと、答えた。

「でも、そうなんですよ」と夫人は言葉をかえした、「ロング夫人が今し方おいでになって、すっかり話してくだすったんですのよ」

ベネット氏は、それには返事をしなかった。

「あなたは、誰がはいったか、知りたくないんですか？」と、夫人はじれったそうに叫んだ。

「お前のほうで話したいんだろう。聞く分には、別に反対はしないよ」

図 37　岩波文庫版『高慢と偏見』初版（左）と改版（右）

の写本を忠実に再現した複製版は，見た目も中身も同じですが別の体現形として扱います。

なお，同じ「改版」でも岩波文庫の『高慢と偏見』の場合は初版と新版で内容に相違はありませんが，表記に使用されている漢字が初版が旧字，改版は新字であり文字に相違があります（図37）。そのため異なる表現形となり，図32のパターンになります。

#2.5 出版表示

#2.5.1 出版地

コア・エレメントです。情報源とその優先順位は，a）出版者と同一の情報源，b）資料自体の他の情報源，c）資料外の情報，です。

「刊行物の出版，発行，公開と結びつく場所（市町村名等）」（#2.5.1.1.1）ですが，通常は出版者の所在地を記録します。上位の地方自治体名等および（または）国名が表示されていたら，これも付加します。ただし東京都特別区については「東京」だけです。

表25　出版者の所在地と出版地のデータ

情報源の表示	出版地として記録するデータ
北海道	北海道
東京	東京
横浜市中区尾上町1丁目6	横浜市
神奈川県横浜市中区尾上町1丁目6	横浜市（神奈川県）
東京都武蔵野市吉祥寺本町4丁目4-20	武蔵野市（東京都）
東京都文京区本郷1丁目28-23	東京

出版者の所在地として「東京都」がなく「文京区本郷1丁目28-23」と表記されている場合の例はNCR2018にはありませんが，東京都特別区を「東京」と記録するのですから「東京都」の表示がな

くても「東京」で良いのだろうと思います。

#2.5.3 出版者

情報源は，a）本タイトルと同一の情報源，b）資料自体の他の情報源，c）資料外の情報源，の順で，表示されているままに記録します。組織階層や法人組織を示す語も省略せずに記録するのが本則です。したがって，標題紙に「岩波書店」とある場合は「岩波書店」と記録し，標題紙に「株式会社岩波書店」とあるか，もしくは標題紙に出版者が表記されていなくて奥付に「株式会社岩波書店」とある場合には「株式会社岩波書店」と記録することになります。このように同じ出版者でも資料における表示によって記録される情報が異なりますので，統一したい場合には別法を採用して法人組織を示す語を省略するか，もしくは出版者（団体）のデータと関連付けておくことが有効です（次頁 c. 体現形と個人・家族・団体との関連（#44.3，#C.2.3）参照）。

#2.5.5 出版日付

「出版日付は，刊行物の出版，発行，公開と結びつく日付である。」（#2.5.5.1.1）NCR1987 では本則では年だけでしたが，NCR2018 では年月日まで記録します。これが具体的にいつの日付なのかということについて NCR1987 では「最新の刷りの年ではなく，その出版物が属する版が最初に刊行された年とする」と明記されていましたが，NCR2018 ではこのような規定はありません。しかし，版については「内容の変更を伴わない刷次と判断される場合は，版次として扱わない」（#2.3.1.1.1）のですから，NCR1987 と同じく，その版が最初に刊行された日付で良いと考えられます。

情報源とその優先順位は出版者と同じく，a）本タイトルと同一の情報源，b）資料自体の他の情報源，c）資料外の情報源，です。

情報源に表示されている出版日付を，西暦に直してアラビア数字で記録しますが，その形式は決められていません。NCR2018ではピリオドで区切って「2015.9.1」としてありますが，例えば「2015/9/1」などの形式も可能であると考えられます。

不明の場合は推定して，推定したことがわかるように記録します。

#2.9 著作権日付

出版日付とは別のエレメントです。NCR1987では出版年も頒布年も不明なときに記録していましたが，NCR2018では出版日付があっても記録することができます。情報源に例えば「©1955」と表記されていたらそのまま「©1955」のように記録します。

#2.10 シリーズ表示

#2.10.0.1 記録の範囲

原則として上位の書誌レベルの体現形のタイトルをシリーズとして記録しますが，単行資料，逐次刊行物，更新資料について，それぞれの構成部分を記述対象とした場合は，その上位の書誌レベルはシリーズ表示とはしないで体現形間の関連として記録します。

#2.10.9 サブシリーズの本タイトル

シリーズとして複数のレベルのシリーズがある場合，最上位のシリーズのみをシリーズとして記録し，それ以外のシリーズはすべてサブシリーズとして記録します。NCR2018では『講談社現代新書』の下位のシリーズである『新書東洋史』と，さらに下位の『中国の歴史』が例に挙げられています。参考のために他の巻の情報も合わせて一覧にすると以下のようになります（『インドの歴史』のサブシリーズは『新書東洋史』のみです）。

表 26　サブシリーズが二つある例

本タイトル	シリーズの本タイトル	シリーズ内番号	サブシリーズ	サブシリーズ内番号
中国社会の成立	講談社現代新書	451	新書東洋史	1
			中国の歴史	1
世界帝国の形成	講談社現代新書	452	新書東洋史	2
			中国の歴史	2
インドの歴史	講談社現代新書	456	新書東洋史	6

NCR1987 では上位のシリーズから下位のシリーズの順に，シリーズ名とその番号を続けて記録していたのでシリーズ名と番号の対応は明確だったのですが，NCR2018 では別々のエレメントになった上，エレメント間の順番は規定されていませんので対応がわかりにくくなっています。この例では「新書東洋史」のサブシリーズ内番号と「中国の歴史」のサブシリーズ内番号とがたまたま同じですが，複数あるサブシリーズとそれらに対応するサブシリーズ内番号を記録する際のデータの格納方法や表示方法は，上下関係やシリーズ名とシリーズ内番号との対応関係が混乱しないようにそれぞれのシステムで工夫する必要があります。

本タイトルにおける部編名は，それだけでは識別が困難な場合には共通タイトルと合わせて本タイトルの一部として記録します(#2.1.1 本タイトル 参照)。しかしシリーズについては，「声楽編」のような部編名も単独でサブシリーズの本タイトルとして記録します。

NCR1987 ではシリーズ名とサブシリーズ名は「世界大音楽全集. 声楽編」のように続けて記録していました。この区切り記号「.」は本タイトルにおいて部編名を従属タイトルとして記録する場合と同じだったのですが，NCR2018ではサブシリーズの本タイトルはシリーズの本タイトルとは別のエレメントになったため，「声楽編」だけがサブシリーズの本タイトルとして記録されることになりました。その結果，同じような語でも，本タイトルとして記録する場合は「世界大音楽全集．声楽編」のように全体を本タイトルとして記録し，シリーズとして記録する場合はシリーズの本タイトルが「世界大音楽全集」，サブシリーズの本タイトルが「声楽編」のように扱いが異なることになりました。

「第2期」「new series」などについて，「第2期の1」「第2期の2」「第2期の3」「new seriesの196」「new seriesの197」「new seriesの198」のようにこれに付随する番号がある場合は全体をシリーズ内番号として記録します。

| 第2期3　　　　(シリーズ内番号)
| new series, 196　(　　〃　　)

しかしこの番号がなく「第2期」「new series」だけの場合はこれらをサブシリーズの本タイトルとして記録します。

| 第2期　　(サブシリーズの本タイトル)

「Series 3」のように，サブシリーズが巻次のみから成り，タイトルがない場合は，これをサブシリーズの本タイトルとして記録します。

| Series 3 (サブシリーズの本タイトル。タイトルなので先頭が大文字になっています。)

あるシリーズの「Aが物理統計」「Bが土壌肥料」のように，サブシリーズが上位のシリーズの巻次とそのタイトルが対応している場合は，巻次とタイトルをつなげて，サブシリーズの本タイトルとして記録します。

| A，物理統計　　　（サブシリーズの本タイトル）
| B，土壌肥料　　　（サブシリーズの本タイトル）

NCR2018 では該当するエレメントのみを例示しているので，他のエレメントとの関係が見えにくいことがあります。他のエレメントや他の巻の情報を補って一覧にすると表 27 のようになります。

表 27　サブシリーズと番号

シリーズの本タイトル	シリーズ内番号	サブシリーズの本タイトル	サブシリーズ内番号	NCR2018 の規定
新しい教育をつくる司書教諭のしごと[12]	1 2 3 4 第 2 期 1 第 2 期 2 第 2 期 3 第 2 期 4			#2.10.8.2.3 新しい連番を示す語句 シリーズ内番号に従前と同じ付番方式による新しい連番が開始され，かつ以前の連番と区別するための「第 2 期」などの語句を伴う場合は，それをもあわせて記録する。
Science[13]	new series, 196 new series, 197 new series, 198			

12：このシリーズ名は NCR2018 の記述例に該当する実例として筆者が追加しました。

13：同上。

スポーツ叢書[14]	第122	スポーツ・ビギニング・シリーズ	2	#2.10.9.2 記録の方法
世界大音楽全集		声楽編		#2.10.9.2 記録の方法
アジアにおける日本の軍・学校・宗教関係資料		第1期 第2期		#2.10.9.2.1「第2期」，「new series」等 シリーズが番号付けされておらず，「第2期」，「new series」等が情報源に表示されている場合は，それをサブシリーズの本タイトルとして記録する。
		Series 3		#2.10.9.2.2 サブシリーズの巻次 サブシリーズが巻次のみから成り，タイトルがない場合は，巻次をサブシリーズの本タイトルとして記録する。
農業技術研究所報告		A，物理統計 B，土壌肥料 C，病理昆蟲		#2.10.9.2.2 サブシリーズの巻次 サブシリーズが巻次とタイトルから成る場合は，両者の対応関係を維持するように，巻次に続けてタイトルを記録する。

14：シリーズ内番号とサブシリーズ内番号はNCR1987の例より筆者が補いました。

#2.38 利用制限

資料の利用に制限がある場合で，出版者が設定した制限は体現形の属性として記録します（#3.4 利用制限（個別資料）参照）。

b. 体現形のアクセス・ポイントの構築（#24，保留）

目録システムでタイトルやISBNなどを検索対象に設定した場合，これらが非統制形アクセス・ポイントとなります（I部2（3）アクセス・ポイント，識別子 参照）。

（2）体現形の関連

a. 基本的関連(5)：体現形から表現形への関連（#42.6）

体現形のデータとして，その体現形が具体化している表現形がどれかを記録します。

b. 資料に関するその他の関連(3)：体現形間の関連（#43.3，#C.1.3）

「#C.1.3 体現形間の関連」から一部を抜粋して再掲します。

表28　体現形間の関連指示子（抜粋）

#C.1.3.1 体現形の等価の関連	
等価（体現形） 記述対象と同じ著作の表現形を具体化した体現形。	**等価（体現形）** 記述対象と同じ著作の表現形を具体化した体現形。
異版 記述対象と同じ著作の表現形を，別の形式で刊行した体現形。	**異版** 記述対象と同じ著作の表現形を，別の形式で刊行した体現形。
複製の対象（体現形） 複製の対象とされた体現形。	**複製（体現形）** 記述対象を複製した体現形。

デジタル化の対象（体現形） デジタル化の対象とされたアナログ形式の体現形。	**デジタル化（体現形）** アナログ形式の体現形をデジタル化した体現形。
復刻の対象（体現形） 忠実に再現する対象とされた体現形。	**復刻（体現形）** 記述対象を忠実に再現した体現形。
リプリントの対象（体現形） リプリントの対象とされた印刷体の体現形。	**リプリント（体現形）** 記述対象をリプリントした体現形。

#C.1.3.3 体現形の全体・部分の関連

上位（体現形） 記述対象が構成要素の一つである上位の体現形。	**下位（体現形）** 記述対象を構成する下位の体現形。
挿入先 記述対象が挿入された体現形。記述対象はその体現形の不可分な一部ではない。	**挿入** 記述対象に挿入した体現形。記述対象の一部ではなく，個別に刊行されたもの。
復刻の全体 記述対象の復刻が構成要素の一つである体現形。復刻とは，記述対象を忠実に再現した体現形である。	**復刻に含まれる対象** 復刻の対象の一部を構成する体現形。

#C.1.3.4 体現形の付属・付加の関連

付属・付加（体現形） 記述対象とともに刊行された体現形。その内容に関する関連を伴わない。	**付属・付加（体現形）** 記述対象とともに刊行された体現形。その内容に関する関連を伴わない。
合冊刊行 記述対象と同じキャリア内に収載され，刊行された体現形。	**合冊刊行** 記述対象と同じキャリア内に収載され，刊行された体現形。

階層的記述を行う場合，体現形の全体・部分の関連として「上位（体現形）」（シリーズなどのデータ）↔「下位（体現形）」（各巻のデータ）を記録することができます。

岩波文庫の『高慢と偏見』には大きい活字のワイド版もあります。改版を拡大して複製したもののようです。複製は「等価の関連（体現形）」の「複製の対象（体現形）」↔「複製（体現形）」が該当すると考えられます（図38。記述例は表37）。

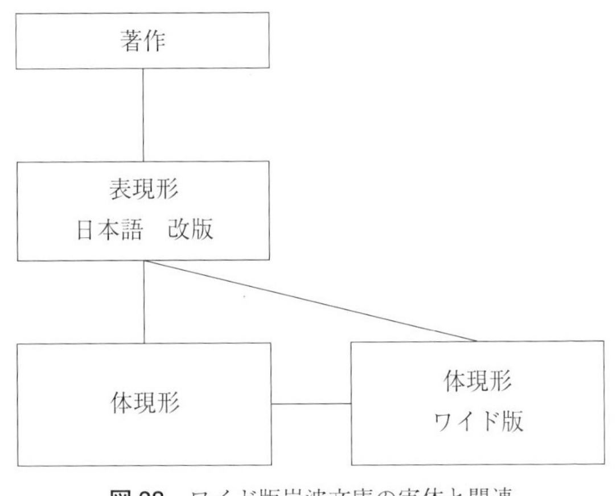

図38　ワイド版岩波文庫の実体と関連

c. 体現形と個人・家族・団体との関連（#44.3，#C.2.3）

● 出版者（#44.3.1，#C.2.3A）

体現形と個人・家族・団体との関連として「出版者」があり，「出版者とは，刊行物の出版，発行，公開に責任を有する個人・家族・団体である。」（#44.3.1 出版者）と定義されていて，例にも『戦国夜話』の関連先として「新潮社」が挙げられているのですが，#C.2の関連指示子の一覧には出版者というものはありません。追加して使用することは可能ですが，最も頻繁に表れるであろう出版者が一覧にないのは不思議です。

8．個別資料

表29　個別資料のデータ

	エレメント名	サブエレメント名または関連指示子	データ	条項番号
属性	利用制限		貸出不可	#3.4
	個別資料の識別子		[図書館におけるバーコード番号など]	#3.5
	個別資料のキャリアに関する注記		著者署名入り	#3.7.0.3
典拠形アクセス・ポイント			（保留）	#25
関連	個別資料から体現形への関連		ISBN4-10-213103-5	#42.8

表30　コア・エレメント（個別資料）

	エレメント名	条件	条項番号
属性	なし		
関連	なし		

（1）個別資料の属性

a．個別資料の属性の記録（#3）

#3.4 利用制限

「利用制限については，#2.38に従う。」となっています。#2.38は体現形の利用制限です。同じ館外貸出不可の資料でも，DVDや付属CD-ROMなどについて出版者が制限している場合は体現形の属性として記録し，その図書館で独自に貸し出しを制限しているのであれば個別資料の属性として記録します。例えば，参考図書コーナーに排架した資料をその図書館で禁帯出扱いにする場合は個別資料の属性です。

#3.5 個別資料の識別子

個別資料を識別するための文字列および（または）番号ですので，その図書館で付与したバーコードの番号や版画の通し番号などが該当します。

（2）個別資料の関連

a. 資料に関するその他の関連(4)：個別資料間の関連（#43.4, #C.1.4）

「#C.1.4 個別資料間の関連」から一部を抜粋して再掲します。

表31　個別資料間の関連指示子（抜粋）

#C.1.4.1 個別資料の等価の関連	
等価（個別資料） 記述対象と同じ体現形を具体化した個別資料。	**等価（個別資料）** 記述対象と同じ体現形を具体化した個別資料。
複製の対象（個別資料） 複製の対象とされた個別資料。	**複製（個別資料）** 記述対象を複製した個別資料。
デジタル化の対象（個別資料） デジタル化の対象とされたアナログ形式の個別資料。	**デジタル化（個別資料）** アナログ形式の個別資料をデジタル化した個別資料。

復刻の対象（個別資料） 忠実に再現する対象とされた個別資料。	**復刻（個別資料）** 記述対象を忠実に再現した個別資料。
リプリントの対象（個別資料） リプリントの対象とされた個別資料。	**リプリント（個別資料）** 記述対象をリプリントした個別資料。
#C.1.4.3 個別資料の全体・部分の関連	
上位（個別資料） 記述対象が構成要素の一つである上位の個別資料。	**下位（個別資料）** 記述対象を構成する下位の個別資料。
#C.1.4.4 個別資料の付属・付加の関連	
付属・付加（個別資料） 記述対象の刊行後に，ともにまとめられた個別資料。	**付属・付加（個別資料）** 記述対象の刊行後に，ともにまとめられた個別資料。
合冊 記述対象とともに製本された個別資料。	**合冊** 記述対象とともに製本された個別資料。

b. 個別資料と個人・家族・団体との関連（#44.4，#C.2.4）

「現所有者」「前所有者」「署名者」（個別資料に手書きの署名が表示されている個人）「被献呈者」（個別資料が献呈される個人・家族・団体）などがあります。

2章　資料種別ごとの規則

この章では，図書，逐次刊行物，録音資料，動画資料，地図資料について，特徴的な記述を見ていきましょう。

1．図書

図書についてはこれまでも例に挙げて説明してきましたが，それら以外の規則をいくつかご紹介します。

（1）図書の著作

表32　図書の著作データ

	エレメント名	サブエレメント名または関連指示子	データ	条項番号
属性	著作の優先タイトル＜著作のタイトル＞		図書館内乱‖トショカン ナイラン	#4.1
	著作の形式		小説	#4.3
	著作の日付		2006	#4.4
	著作の識別子		VIAF ID：309459833	#4.9
典拠形アクセス・ポイント			有川，浩‖アリカワ，ヒロ，1972-．図書館内乱‖トショカン ナイラン	#22.1

関連	著作と関連を有する個人	著者	有川，浩‖アリカワ，ヒロ，1972-	#44.1.1
	関連する著作	前編	有川，浩‖アリカワ，ヒロ，1972-. 図書館戦争‖トショカン センソウ	#43.1
		後編	有川，浩‖アリカワ，ヒロ，1972-. 図書館危機‖トショカン キキ	

a. 図書の著作の関連の記録

著作と関連する代表的な個人・家族・団体として，著者があります。

また，著作間の関連としては小説と映画化など，著作の形式が変更された著作があります。表32では，著作間の関連として「前編」「後編」を記録してあります（Ⅱ部1章5（2）著作の関連 参照）。

（2）図書の表現形

表現形のデータ例は表18，34，35を参照してください。

a. 図書の表現形の属性の記録

#5.1 表現種別

一般的な図書の表現種別は「テキスト」です。

#5.2 表現形の日付

通常は表現形の日付は不明なことが多いので，体現形の日付における年を記録することになります。

b. 図書の表現形の関連の記録

表現形と関連する代表的な個人・家族・団体として，編集者や翻訳者があります。

（3）図書の体現形

表33 図書の体現形データ

	エレメント名	サブエレメント名または関連指示子	データ	条項番号
属性	本タイトル＜タイトル＞		オースティン	#2.1.1
	本タイトルに関係する責任表示＜責任表示＞		訳者 伊吹知勢／近藤いね子	#2.2.1
	版表示	版次	—	#2.3
	出版表示	出版地	東京	#2.5.1
		出版者	講談社	#2.5.3
		出版日付	1976.10.20	#2.5.5
	著作権日付		—	#2.9
	シリーズ表示	シリーズの本タイトル	世界文学全集	#2.10.1
		シリーズ内番号	5	#2.10.8
	機器種別		機器不用	#2.15
	キャリア種別		冊子	#2.16
	数量		514 p，図版 2 p（ページ付なし）	#2.17
	大きさ		22 cm	#2.18
アクセス・ポイント			[保留]	#24

<table>
<tr><td rowspan="4">関連</td><td colspan="2" rowspan="2">体現形から表現形への関連（関連する表現形）</td><td>Austin, Jane, 1775-1817. Pride and prejudice. 日本語. 1969（伊吹知勢）</td><td rowspan="2">#42.6</td></tr>
<tr><td>Austin, Jane, 1775-1817. Persuasion. 日本語. 1969（近藤いね子）</td></tr>
<tr><td>体現形間の関連</td><td>上位（体現形）</td><td>世界文学全集. — 東京：講談社, 1974-1993 ＜BN01403438＞</td><td>#43.3</td></tr>
<tr><td>体現形と関連を有する個人・家族・団体</td><td>出版者</td><td>講談社 || コウダンシャ</td><td>#44.3</td></tr>
</table>

a. 図書の体現形の属性の記録

#2.0.2.2 優先情報源

一般的な図書の場合，優先情報源はタイトル・ページです。タイトル・ページがあっても不十分な場合は，1）奥付，2）背・表紙またはカバー，3）キャプション，の順で優先情報源とし，必要に応じてタイトル・ページ以外のものを情報源とした旨を注記します。なお，本タイトルについてはその情報源を注記します（#2.1.1.1.2 情報源）。

| 本タイトルは奥付による

タイトル・ページが無い場合も情報源の優先順位は同じですが，この場合は情報源を注記するという規定はありません。

#2.17.1.1.1 ページ数等

「246 p，図版 32 p」のように記録します。

上下 2 分冊のように複数冊から成る資料の場合は「5 冊」のよう

に冊数を記録します。さらにNCR2018では必要に応じて全体のページ数や各巻のページ数を記録できるようになりました。

｜ 3冊（800 p）

｜ 2冊（329; 412 p）

なお，ページ付けに使用されているローマ数字はそのまま記録します。

#2.18.0.2 記録の方法

#2.18.0.2.1A 冊子

一般的な形，つまり縦の方が横よりも少しだけ長い形態については，縦の長さを測って，センチメートルの単位に切り上げて記録します。横よりも縦の方が2倍以上長い縦長本，縦よりも横の方が長い横長本，正方形の枡型本は，縦×横cmとします（いずれもセンチ未満は切り上げです）。

b. 図書の体現形の関連の記録

『世界文學大系（28）』には『自負と偏見』と『嵐が丘』の2作品が収録されています。一つの体現形に二つの表現形が関連付けられることになります（実体間の関連図は図2）。

表34 図書の表現形データ（1）

	エレメント名	サブエレメント名または関連指示子	データ	条項番号
属性	表現種別		テキスト	#5.1
	表現形の日付		1960	#5.2
	表現形の言語		日本語	#5.3
	表現形の識別子		—	#5.5

	付加的内容		付：解説	#5.16
典拠形アクセス・ポイント			Austin, Jane, 1775-1817. Pride and prejudice. 日本語. 1960（中野好夫）	#23.1
関連	表現形と関連を有する個人・家族・団体	訳者	中野，好夫‖ナカノ，ヨシオ，1903-1985	#44.2.1

表35　図書の表現形データ（2）

	エレメント名	サブエレメント名または関連指示子	データ	条項番号
属性	表現種別		テキスト	#5.1
	表現形の日付		1954*	#5.2
	表現形の言語		日本語	#5.3
	表現形の識別子		—	#5.5
	付加的内容		—	#5.16
典拠形アクセス・ポイント			Brontë, Emily, 1818-1848. Wuthering heights. 日本語. 1954（大和資雄）	#23.1
関連	表現形と関連を有する個人・家族・団体	訳者	大和，資雄‖ヤマト，ヤスオ，1898-1990	#44.2.1

＊嵐が丘の表現形の年は，角川文庫の改訳版のものとしました。

表 36　図書の体現形データ（オースティン；ブロンテ）

	エレメント名	サブエレメント名または関連指示子	データ	条項番号
属性	本タイトル＜タイトル＞		オースティン；ブロンテ	#2.1.1
	本タイトルに関係する責任表示＜責任表示＞		中野好夫・大和資雄訳	#2.2.1
	版表示	版次	—	#2.3
	出版表示	出版地	東京	#2.5.1
		出版者	筑摩書房	#2.5.3
		出版日付	1960.1.20	#2.5.5
	著作権日付		—	#2.9
	シリーズ表示	シリーズの本タイトル	世界文學大系	#2.10.1
		シリーズ内番号	28	#2.10.8
	機器種別		機器不用	#2.15
	キャリア種別		冊子	#2.16
	数量		463 p	#2.17
	大きさ		23 cm	#2.18
	体現形の識別子		日本全国書誌番号: 55003897	#2.34
	入手条件		—	#2.35
アクセス・ポイント			[保留]	#24
関連	体現形から表現形への関連（関連する表現形）		Austin, Jane, 1775-1817. Pride and prejudice. 日本語. 1960（中野好夫）	#42.6
			Brontë, Emily, 1818-1848. Wuthering heights. 日本語. 1954（大和資雄）	

	体現形間の関連	上位（体現形）	世界文學大系. — 東京：筑摩書房，1958.4-1968.3 <BN01855600>	#43.3
	体現形と関連を有する個人・家族・団体	出版者	筑摩書房‖チクマショボウ	#44.3

● 体現形間の関連

岩波文庫版『高慢と偏見』の改版には版面を拡大したワイド版があります。拡大した複製を表す関連指示子はありませんので，「複製（体現形）」を使用することにします。

また，表では階層的記述を採用し，「岩波文庫」の包括的記述への関連を体現形間の関連のうちの「上位（体現形）」として記録してあります。

表 37　図書の体現形データ（『高慢と偏見』岩波文庫）

	エレメント名	サブエレメント名または関連指示子	データ	条項番号
属性	本タイトル<タイトル>		高慢と偏見	#2.1.1
	本タイトルに関係する責任表示<責任表示>		ジェーン・オースティン作	#2.2.1
			富田彬訳	
	版表示	版次	改版	#2.3
	出版表示	出版地	東京	#2.5.1
		出版者	岩波書店	#2.5.3
		出版日付	1994.7.18	#2.5.5
	著作権日付			#2.9

	シリーズ表示	シリーズの本タイトル	岩波文庫	#2.10.1
		シリーズ内番号	32-222-2	#2.10.8
	機器種別		機器不用	#2.15
	キャリア種別		冊子	#2.16
	数量		2冊（337; 279 p）	#2.17
	大きさ		15 cm	#2.18
	体現形の識別子		ISBN4-00-322221-0（上） ISBN4-00-322222-9（下）	#2.34
	入手条件		1012円（上） 858円（下）	#2.35
アクセス・ポイント			[保留]	#24
関連	体現形から表現形への関連（関連する表現形）		Austin, Jane, 1775-1817. Pride and prejudice. 日本語. 1997（富田彬）	#42.6
	体現形間の関連	複製（体現形）	高慢と偏見. ― 東京：岩波書店, ― 2002.11-. ―（ワイド版岩波文庫；217-218）	
		上位（体現形）	岩波文庫. ― 東京：岩波書店, 1927-	#43.3
	体現形と関連を有する個人・家族・団体	出版者	岩波書店 ‖ イワナミ ショテン	#44.3

2．逐次刊行物

逐次刊行物の定義は「終期を予定せず，同一タイトルのもとに，部分に分かれて継続して刊行され，通常はそれぞれに順序表示がある資料である。雑誌，新聞，終期を予定しないシリーズなどがある。特定のイベントに関するニュースレターなど，刊行期間は限定されているが，連続する巻号，番号，刊行頻度など逐次刊行物としての特徴を備えた資料や，逐次刊行物の複製をも含む。」（#1.4.3 逐次刊行物）で，1冊1冊ではなく，その全体を記述対象とします。ただし全体が部編に分かれていて，それぞれが独立した順序表示（○巻，○号など）を持っている場合には，それぞれの部編ごとに記述対象とします。

継続して刊行されている資料全体が記述対象となりますので，刊行途中でどこかが変わることがあります。これを「変化」といいます。どこがどのように変化したかによって，資料についてどの実体を新たに作成するかしないかが決められています。

刊行途中で本タイトルが変化した場合は，それが「重要な変化」か「軽微な変化」かを判別します。軽微な変化は「#2.1.1.4.2 軽微な変化」に挙げられています。これらに該当しないもので「#2.1.1.4.1 重要な変化」に該当する場合は重要な変化として扱います。

重要な変化が生じた場合は別の著作として扱い，著作間の関連のうちの「継続前（著作）」↔「継続後（著作）」として関連付けます。軽微な変化の場合は同じ著作の同じ体現形として扱い，変化後のタイトルは体現形の属性である「後続タイトル」として記録します。

本タイトルが総称的な語の場合に，逐次刊行物の識別に関わる責任表示が変化した場合も重要な変化とみなして別の著作として扱います。総称的な語についてNCR2018では定義されていませんが，NACSIS-CATでは米国議会図書館に準じて「出版物の種類及び（または）頻度を示すもの」としており，「会議録」「研究報告」「統計年報」「月報」「年報」などが例として挙げられています[15]。

また，著作に対する典拠形アクセス・ポイントが結合形である場合に，それを構成する団体名に対する典拠形アクセス・ポイントが変化した場合や，著作に対する典拠形アクセス・ポイントにおいて識別要素として使用した団体名が変化した場合にも新たな著作となります（#4.0.4.2A 責任性の変化）。

それ以外の変化では，刊行方式や機器種別，版表示が変化した場合や，キャリア種別が他の資料からオンライン資料に，あるいはオンライン資料から他の資料に変化した場合は同じ著作の異なる体現形として扱います（#2.0.5B 逐次刊行物）。

出版地や出版者が別のものになったり，あるいはその名称が変わった場合は，識別またはアクセスに重要なときは体現形の注記に「出版者変遷: ○○」などとして記録します（#2.5.0.6.1）。大きさが変化した場合は，「#2.18.0.2.3 複数のキャリアから成る体現形」を適用して，「20-26 cm」のように最小の大きさと最大の大きさをハイフンで結んで記録します。

それでは図39の雑誌を例にとって各実体の記述を見ていきましょう。

15：https://catdoc.nii.ac.jp/MAN2/CM/6_0_3.html（和雑誌）
https://catdoc.nii.ac.jp/MAN2/CM/7_0_3.html（洋雑誌）

ISSN 1344-8668
Vol.45, No.1　*March, 1999*

日本図書館情報学会誌

論　文
占領初期における米国図書館関係者来日の背景
—ALA 文書ほかの一次資料に基づいて—　…根本　彰…1
わが国の公共図書館の都道府県域総合目録ネットワークに関する考察
—目録データ処理方式を中心に—……………森山　光良…17
研究ノート
地図の分類法に関する一考察
—Manual of map library classification and cataloguing (1978) を中心に—　……………………………源　昌久…35

通巻137号
日本図書館情報学会編集・発行

日本図書館情報学会誌
Vol.45, No.1　通巻137号
1999年3月30日発行

本誌は『図書館学会年報』の誌名を変更し，巻次を継承しています。Vol.44, No.4　通巻136号（1999年2月発行）までは，『図書館学会年報』（Annals of Japan Society of Library Science）で，Vol.45, No.1　通巻137号（1999年3月発行）以後は『日本図書館情報学会誌』（Journal of Japan Society of Library and Information Science）です。

編集・発行
日本図書館情報学会（会長　長澤雅男）
〒112-8606　東京都文京区白山5-28-20
東洋大学社会学部図書館学研究室内
発売
㈱紀伊國屋書店
〒160-0022　東京都新宿区新宿3-17-7
印刷
㈱東京プレス
〒174-0075　東京都板橋区桜川2-27-12

図39　雑誌の情報源
（『三訂 情報資源組織演習』（樹村房）p.93より）

（1）逐次刊行物の著作

表38　雑誌の著作データ

	エレメント名	サブエレメント名または関連指示子	データ	条項番号
属性	著作の優先タイトル <著作のタイトル>		日本図書館情報学会誌‖ニホン トショカン ジョウホウ ガッカイシ	#4.1
	著作の日付		1999	#4.4
典拠形アクセス・ポイント			日本図書館情報学会誌‖ニホン トショカン ジョウホウ ガッカイシ	#22.1

関連	著作間の関連	継続前（著作）	図書館学会年報‖トショカン ガッカイ ネンポウ	#43.1 #C.1.1.5
	著作と関連を有する団体	編集責任者	日本図書館情報学会‖ニホン トショカン ジョウホウ ガッカイ	#44.1 #C.2.1.B

a. 逐次刊行物の著作の属性の記録

#4.3 著作の形式

表には記録してありませんが，「雑誌」や「逐次刊行物」などと記録することもできると思われます。

b. 逐次刊行物の著作のアクセス・ポイントの構築

アクセス・ポイントの一部として記録するのは創作者です。団体が創作者であるのは団体に由来するか，団体が責任刊行したか，または責任刊行させた著作のうちの一部に限られます[16]。個人が執筆した論文や記事を集めて団体が編集や発行した場合は創作者には該当しませんので，アクセス・ポイントには含めません。

c. 逐次刊行物の著作の関連の記録

本タイトルに重要な変化が生じた場合は別の著作として扱い，著作間の関連として記録します。

複数の論文を掲載している雑誌については，編集している個人・家族・団体は各論文を創作していませんので，関連付ける場合は非創作者として関連付けることになります。著作と関連を有する非創

16：Ⅱ部1章5（1）b. 著作のアクセス・ポイントの構築（#22）参照。

作者として，まず「責任刊行者」があります。NCR2018では例として「文芸研究」という紀要を刊行している「明治大学文芸研究会」が挙げられています。紀要ですから複数の著者による論文を集めたものですが，「団体の公式機関誌のような著作を責任刊行する個人・家族・団体」（#C.2.1B）である責任刊行者に該当するようです。

次に「編集責任者」があります。これは「逐次刊行物，更新資料または複数巻単行資料の内容に，法的および（または）知的責任（創作を除く）を有する個人・家族・団体」（#C.2.1B）です。表38では，掲載された論文の著作権を有する日本図書館情報学会を編集責任者として記録してあります。

（2）逐次刊行物の表現形

表39　雑誌の表現形データ

	エレメント名	サブエレメント名または関連指示子	データ	条項番号
属性	表現種別		テキスト	#5.1
	表現形の日付		1999	#5.2
	表現形の言語		日本語	#5.3
	表現形の識別子		—	#5.5
典拠形アクセス・ポイント			日本図書館情報学会誌‖ニホン トショカン ジョウホウ ガッカイシ. 日本語	#23.1
関連	表現形から著作への関連		日本図書館情報学会誌‖ニホン トショカン ジョウホウ ガッカイシ	#42.5

a. 逐次刊行物の表現形の関連の記録

「1または複数の創作者による著作や著作の部分の内容を改訂もしくは明確化し，またはそれらを選択し集めることによって，著作の表現形に寄与する個人・家族・団体」（#C.2.2）は「編者」として表現形と関連付けられます。著作と関連付けられる「編集責任者」との使い分けは必ずしも明確ではありません。

（3）逐次刊行物の体現形

表40 雑誌の体現形データ

	エレメント名	サブエレメント名または関連指示子	データ	条項番号
属性	本タイトル＜タイトル＞		日本図書館情報学会誌	#2.1.1
	異形タイトル＜タイトル＞		Journal of Japan Society of Library and Information Science	#2.1.9
	本タイトルに関係する責任表示＜責任表示＞		日本図書館情報学会編集	#2.2.1
	初号の巻次＜逐次刊行物の順序表示＞		Vol. 45, no. 1	#2.4.1
	初号の年月次＜逐次刊行物の順序表示＞		March 1999	#2.4.2
	初号の別方式の巻次＜逐次刊行物の順序表示＞		通巻137号	#2.4.5
	出版表示	出版地	東京	#2.5.1
		出版者	日本図書館情報学会	#2.5.3
		出版日付	1999.3.30-	#2.5.5

	機器種別		機器不用	#2.15
	キャリア種別		冊子	#2.16
	数量		冊	#2.17
	大きさ		26 cm	#2.18
	体現形の識別子		ISSN1344-8668	#2.34
	入手条件		12000円（年間購読料）	#2.35
アクセス・ポイント			[保留]	#24
関連	体現形から表現形への関連（関連する表現形）		日本図書館情報学会誌‖ニホン トショカン ジョウホウ ガッカイシ. 日本語	#42.6
	体現形と関連を有する個人・家族・団体	出版者	日本図書館情報学会‖ニホン トショカン ジョウホウ ガッカイ	#44.3

a. 逐次刊行物の優先情報源 #2.0.2.2

まず，1）タイトル・ページがあればこれを優先情報源としますが，あっても情報が不十分な場合は，2）背・表紙またはカバー，3）キャプション，4）奥付の順で，優先情報源とします（#2.0.2.2.1.1.1A）。部位は図書と同じですが，優先順位が異なります。

タイトル・ページがない場合はマストヘッド（新聞や雑誌において奥付のような情報が表示されている箇所）が加わり，1）背・表紙またはカバー，2）キャプション，3）マストヘッド，4）奥付，という優先順位になります（#2.0.2.2.1.2A）。

b. 逐次刊行物の体現形の属性の記録

#2.1.6 後続タイトル

軽微な変化後のタイトルを，識別またはアクセスに重要な場合に記録します。なお，重要な変化の場合は異なる著作として扱い，著作間の関連として記録します。

#2.2 責任表示

個人編者は，識別に重要な場合に限って責任表示として記録します（#2.2.0.4）。

#2.4 逐次刊行物の順序表示

初号の巻次，初号の年月次，終号の巻次，終号の年月次，初号の別方式の巻次，初号の別方式の年月次，終号の別方式の巻次，終号の別方式の年月次を記録します。

#2.17 数量

刊行中の場合は「冊」とのみ記録し，刊行が完結した場合は冊数を記録します。

3．録音資料（小説の朗読）

又吉直樹『火花』の朗読CDを例にとって解説します。

小説を単に朗読した場合は，小説という著作の形式に変化はありませんので別の著作とは考えません。小説の著作に対して，朗読した表現形を関連付けます。

（1）録音資料（小説の朗読）の個人

表 41　個人のデータ（又吉直樹）

	エレメント名	サブエレメント名または関連指示子	データ	条項番号
属性	個人の優先名称＜個人の名称＞		又吉，直樹‖マタヨシ，ナオキ	#6.1
	個人の異形名称＜個人の名称＞		Matayoshi, Naoki	#6.2
	生年＜個人と結びつく日付＞		1980	#6.3.3.1
	個人の識別子		国立国会図書館典拠 ID：01181404	#6.18
			VIAF ID：257681045	
アクセス・ポイント		典拠形アクセス・ポイント	又吉，直樹‖マタヨシ，ナオキ，1980-	#26.1
		異形アクセス・ポイント	Matayoshi, Naoki, 1980-	#26.2

（2）録音資料（小説の朗読）の著作

表 42　著作のデータ（火花：小説）

	エレメント名	サブエレメント名または関連指示子	データ	条項番号
属性	著作の優先タイトル＜著作のタイトル＞		火花‖ヒバナ	#4.1
	著作の形式		小説	#4.3
	著作の日付		2015	#4.4

	著作の識別子		VIAF ID：9436151475049700490008	#4.9
典拠形アクセス・ポイント			又吉，直樹‖マタヨシ，ナオキ，1980-．火花‖ヒバナ	#22.1
関連	著作と関連を有する個人	著者	又吉，直樹‖マタヨシ，ナオキ，1980-	#44.1.1

（3）録音資料（小説の朗読）の表現形

表43　個人のデータ（堤真一）

	エレメント名	サブエレメント名または関連指示子	データ	条項番号
属性	個人の優先名称<個人の名称>		堤，真一‖ツツミ，シンイチ	#6.1
	個人の異形名称<個人の名称>		Tsutsumi, Shinichi	#6.2
	生年<個人と結びつく日付>		1964	#6.3.3.1
	個人の識別子		国立国会図書館典拠ID：01181404	#6.18
			VIAF ID：9418149108515968780001	
典拠形アクセス・ポイント			堤，真一‖ツツミ，シンイチ，1964-	#26.1
関連				

表44　録音資料の表現形データ

	エレメント名	サブエレメント名または関連指示子	データ	条項番号
属性	表現種別		話声	#5.1
	表現形の日付		2015	#5.2
	表現形の言語		日本語	#5.3
	表現形の識別子		—	#5.5
	収録の日付・場所		—	#5.11
	所要時間		4時間16分	#5.22
	付加的内容		—	#5.16
典拠形アクセス・ポイント			又吉，直樹‖マタヨシ，ナオキ，1980-. 火花‖ヒバナ. 日本語. 話声	#23.1
関連	表現形から著作への関連		又吉，直樹‖マタヨシ，ナオキ，1980-. 火花‖ヒバナ	#42.5
	表現形と関連を有する個人・家族・団体	ナレーター	堤，真一‖ツツミ，シンイチ，1964-	#44.2.1 (#C.2)

a. 録音資料（小説の朗読）の表現形の属性の記録

#5.11 収録の日付・場所

サブエレメントとして，収録の日付，収録の場所があります。収録の日付は録音された年月日や時刻を記録します。収録の場所はコンサート・ホールやスタジオなどの名称および／または地名を「サントリーホール（東京）」のように記録します。

#5.18 音声

表現形の属性としては資料における音の有無に関する情報として「音声あり」「無声」のいずれかを記録します。ステレオやモノラルなどの再生チャンネルは体現形の属性です（#2.29.7）。

#5.22 所要時間

資料全体の再生時間（合計）を記録します。形式は決められていませんので，データ作成機関で定めます。正確な時間がわかればそれを，正確な時間がわからないけれどもおよその時間が表示されていたり推定することができる場合は「約3時間」のように記録しますが，それもわからなければ省略します。

b. 録音資料（小説の朗読）の表現形の関連の記録

朗読した人は「寄与者として表現形と関連を有する個人・家族・団体」です。関連指示子としては「演者」の下位に「ナレーター」がありますので，これを使用します。

音楽作品の場合は，創作者として著作と関連を有する個人・家族・団体として「作曲者」「作詞者」，寄与者として表現形と関連を有する個人・家族・団体として「歌唱者」「器楽奏者」「指揮者」（およびその下位の「楽器指揮者」「合唱指揮者」）「編曲者」などがあります。

（4）録音資料（小説の朗読）の体現形

表45　録音資料の体現形データ

	エレメント名	サブエレメント名または関連指示子	データ	条項番号
属性	本タイトル＜タイトル＞		火花	#2.1.1
	本タイトルに関係する責任表示＜責任表示＞		原作 又吉直樹	#2.2.1
			朗読 堤真一	
	出版表示	出版地	[東京]	#2.5.1
		出版者	YM3D	#2.5.3
		出版日付	[2015?]	#2.5.5
	出版表示	頒布地	東京	#2.6.1
		頒布者	Yoshimoto R and C CO., LTD.	#2.6.3
		頒布日付	[2015?]	#2.6.5
	著作権日付		Ⓟ 2015	#2.9
	機器種別		オーディオ	#2.15
	キャリア種別		オーディオ・ディスク	#2.16
	数量		オーディオ・ディスク 4枚	#2.17
	大きさ		12 cm	#2.18
	録音の方式＜録音の特性＞		デジタル	#2.29.1
	録音の手段＜録音の特性＞		光学	#2.29.2
	再生チャンネル＜録音の特性＞		ステレオ	#2.29.7
	体現形の識別子		YRCS-95050/3	#2.34
	入手条件			#2.35
アクセス・ポイント			[保留]	#24

<table>
<tr><td rowspan="2">関連</td><td colspan="2">体現形から表現形への関連（関連する表現形）</td><td>又吉，直樹‖マタヨシ，ナオキ，1980-．火花‖ヒバナ．日本語．話声</td><td>#42.6</td></tr>
<tr><td>体現形と関連を有する個人・家族・団体</td><td>出版者</td><td>Yoshimoto R and C CO., LTD.</td><td>#44.3</td></tr>
</table>

a. 録音資料（小説の朗読）の体現形の属性の記録（#2）

#2.15 機器種別，#2.16 キャリア種別

一般的には，機器種別は「オーディオ」，キャリア種別はカセットテープは「オーディオカセット」，CDは「オーディオ・ディスク」となります。

#2.17 数量

表46　数量に用いる助数詞（録音資料の部分）

機器種別	キャリア種別	助数詞
オーディオ	オーディオカセット	巻
	オーディオ・ディスク	枚

（「表2.17.0.2 数量に用いる助数詞」より抜粋）

数量は，「キャリア種別＋数＋助数詞」という構造です。表の中から適切な語を選んで「オーディオ・ディスク1枚」のように記録しますが，適宜追加して使用することも可能です。NCR2018では「DVD-ROM 1枚」という例が挙げられていますので，例えば「CD 1枚」のような表記もできると考えられます。

#2.18 大きさ

CDのようなディスクは直径を記録します。通常は12 cmですが8 cmのものもあります。

カセットテープは「横×縦，テープの幅」として，「10 × 7 cm，4 mm テープ」のように記録しますが，コア・エレメントではありませんので記録しないことも可能です。

#2.29 録音の特性

#2.29.1 録音の方式

「アナログ」か「デジタル」のいずれかを記録します。「録音の特性」の「録音」というのは生の音（空気の振動）を記録した時のことではなく，記述対象資料のメディアへの記録の方法です。したがって，アナログ録音の音源をCD化したら「デジタル」，デジタル録音をLPレコードとして発売したら「アナログ」になります。

#2.29.1.1 録音の方式の詳細

例として「High resolution digital mastering of songs originally recorded on analog equipment」が挙げられています。この例では最初にアナログ・レコーディングされたものをデジタルに変換してマスター音源としたことしかわかりませんが，RDAでは「録音の方式としてデジタルと記録」した場合に，録音の方式の詳細として「Made from an analog original」と記録する例が挙げられています（RDA 3.16.2.4）。NCR1987において「形態に関する注記（6.7.3.4）」に記録していたように，体現形の「録音の方式」の情報が音声を録音した際の方式と異なる場合にこのエレメントを使用すると考えられます。

#2.29.2 録音の手段

録音の固定に用いた手段の種類です。NCR2018 表2.29.2の中から，「光学」「磁気」「光磁気」のいずれかを選びます。CDやDVD，Blu-rayなどは「光学」で，カセットテープは「磁気」，録音できるMD（ミニディスク）は「光磁気」です。アナログ・レコードはいずれにも該当しません。この場合はデータ作成機関で用語を定めて記録することになりますが，コア・エレメントではありませんので記録しないことも可能です。

#2.29.3 再生速度

デジタル・ディスクは1秒当たりの回転数を「m/s」の単位で記録しますので，CDは「1.4m/s」となります。NCR1987にもこの規定があったのですが，アナログ・レコードのように回転数が異なるものがあるわけではありませんので，国立国会図書館もほとんどの大学図書館も記録していませんでした。NCR2018でも録音の特性はコア・エレメントではありませんので，記録しないことも可能です。

カセットテープはアナログ・テープですので速度[17]を「cm/s」または「ips」の単位で記録します。「4.75cm/s」もしくは「1 7/8ips」となります[18]。こちらはNCR1987の第2水準では記録しませんでした（NCR1987 6.5.2.2B）。

#2.29.7 再生チャンネル

容易に確認できる場合は，NCR2018の表2.29.7（#2.29.7）の用語を用いて記録します。表には「モノラル」「ステレオ」「4チャンネル」「サラウンド」しかありませんので，これらの用語が適切でない場合はデータ作成機関が簡略な用語を定めて記録します。

17：NCR2018では「1秒当たりの回転数」となっていますが，テープは回転数ではないのでRDAと同じく「速度」としました。

18：NCR2018には例がありませんので，表記はいずれもRDAの例に合わせました。カセットテープの再生速度は厳密には4.7625cm/sですが，実際の機器はそれほど精確なものではありません。

4．動画資料（映画 Blu-ray）

（1）動画資料（映画 Blu-ray）の著作

表 47　映画の著作データ

	エレメント名	サブエレメント名または関連指示子	データ	条項番号
属性	著作の優先タイトル＜著作のタイトル＞		Pride and prejudice	#4.1
	著作の異形タイトル＜著作のタイトル＞		プライドと偏見 ‖ プライド ト ヘンケン	#4.2
	著作の形式		映画	#4.3
	著作の日付		2005	#4.4
	著作の識別子		VIAF ID：193697740	#4.9
典拠形アクセス・ポイント			Pride and prejudice（映画 ： 2005）	#22.1
関連	著作間の関連	映画化の原作（著作）	Austin, Jane, 1775-1817. Pride and prejudice	#43.1
	著作と関連を有する個人	映画監督	Wrigth, Joe, 1972-	#44.1.2

a. 動画資料（映画 Blu-ray）の著作の属性の記録

#4.3 著作の形式

決められた語句はありませんので，表では「映画」としました。

b. 動画資料（映画 Blu-ray）の著作のアクセス・ポイントの構築

「映画，ビデオ，ビデオ・ゲームなどの動画作品（自主映画製作者によるものを除く）については，単独形で典拠形アクセス・ポイントを構築する。」（#22.1.2 複数の創作者による共著作）とありますので，創作者は付けずに優先タイトルに識別要素を付加して構築します。

c. 動画資料（映画 Blu-ray）の著作の関連の記録

映画監督，撮影監督，映画プロデューサーは非創作者として，脚本作者は創作者として，それぞれ著作と関連付けられます。俳優や声優，音楽監督は寄与者として表現形と関連付けられます。

著作間の関連として，著作の派生の関連としては「着想を得た著作」↔「着想を与えた著作」，「映画化の原作（著作）」↔「映画化（著作）」，「小説化の原作（著作）」↔「小説化（著作）」，「リメイクの対象（著作）」↔「リメイク（著作）」などがあります。例えばジョン・スタージェス監督の『荒野の七人』という西部劇は，クレジットに“This picture is based on the Japanese film “Seven Samurai”, Toho Company, Ltd.” とあるように，黒澤明監督の『七人の侍』から着想を得ています。相互に関連付けておくことで検索の幅が広がるでしょう。

著作の付属・付加の関連としては「映画の脚本（著作）」↔「脚本が使用された映画（著作）」，「映画音楽（著作）」↔「音楽が使用された映画（著作）」などがあります。ただし，「（著作）」とあることからもわかるように，それぞれ表現形の関連としても記録できますので，どちらのレベルでの関連なのかを見極める必要がありますが，区別の基準は自明ではありません。一般的には著作間の関連となりますが，特定の表現形と関連することを明記したい場合には表現形間の関連として記録すると考えられます。

（2）動画資料（映画 Blu-ray）の表現形

表 48　映画の表現形データ

	エレメント名	サブエレメント名または関連指示子	データ	条項番号
属性	表現種別		二次元動画	#5.1
	表現形の日付		2005	#5.2
	表現形の言語		英語 日本語	#5.3
	表現形の識別子		—	
	内容の言語		音声：英語，日本語吹替，字幕：日本語，英語，フランス語，イタリア語，ドイツ語，スペイン語，オランダ語，広東語，デンマーク語，フィンランド語，ギリシア語，韓国語，ノルウェー語，ポルトガル語，スウェーデン語，中国語（繁体字）	#5.12
	色彩		多色	#5.17
	音声		音声あり	#5.18
	画面アスペクト比		ワイド・スクリーン（1.78:1）	#5.19

	画面アスペクト比の詳細	スコープサイズ	#5.19.0.3
	所要時間	127 分	#5.22
典拠形アクセス・ポイント		Pride and prejudice（映画 : 2005）. 日本語	#23.1
関連	表現形から著作への関連	Pride and prejudice（映画 : 2005）	#42.2

a. 動画資料（映画 Blu-ray）の表現形の属性の記録

#5.11 収録の日付・場所

サブエレメントとして，収録の日付，収録の場所があります。収録の日付は録音された年月日や時刻を記録します。収録の場所はコンサート・ホールやスタジオなどの名称および／または地名を「サントリーホール（東京）」のように記録します。

#5.12 内容の言語

表現形の言語について，その詳細を記録します。

｜ 音声: フランス語，字幕: 英語

#5.17 色彩

「単色」か「多色」を記録しますが，「カラー（一部白黒）」「一部カラー」のように色彩の詳細を記録することもできます（#5.17.0.3 色彩の詳細）。

#5.18 音声

資料における音の有無に関する情報を記録します。「音声あり」「無声」のいずれかです。

#5.19 画面アスペクト比

「フル・スクリーン」「ワイド・スクリーン」「アスペクト比混合」のいずれかの語と，判明する場合はその後ろに「○:1」の形で比を付加します。NCR2018の例ではワイド・スクリーンのアスペクト比が「2.35:1」および「1.85:1」となっていますが，DVDやBlu-rayに多いスコープサイズ（16:9=1.78:1）も「ワイド・スクリーン」で良いと思われます。

ノーマルサイズ（4:3）：
　フル・スクリーン（1.33:1）

シネマスコープ（12:5）：
　ワイド・スクリーン（2.35:1）

スコープサイズ（16:9）：
　ワイド・スクリーン（1.78:1）

#5.22 所要時間

資料全体の再生時間（合計）を記録します。形式は決められていませんので，データ作成機関で定めます。正確な時間がわかればそれを，正確な時間がわからないけれどもおよその時間が表示されていたり推定することができる場合は「約3時間」のように記録しますが，それもわからなければ省略します。

（3）動画資料（映画 Blu-ray）の体現形

表49　映画 Blu-ray の体現形データ

	エレメント名	サブエレメント名または関連指示子	データ	条項番号
属性	本タイトル<タイトル>		Pride and prejudice	#2.1.1
	出版表示	出版地	［東京］	#2.5.1

		出版者	ジェネオン・ユニバーサル・エンターテイメント（発売）	#2.5.3
		出版日付	[2011.6.22]	#2.5.5
	著作権日付		© 2010	#2.9
	機器種別		ビデオ	#2.15
	キャリア種別		ビデオ・ディスク	#2.16
	数量		ビデオディスク 1 枚 （または） Blu-ray 1 枚	#2.17
	大きさ		12 cm	#2.18
	テレビ放送の標準方式＜ビデオの特性＞		NTSC	#2.31.2
	体現形の識別子		YRCS-95050/3	#2.34
	入手条件		—	#2.35
アクセス・ポイント			[保留]	#24
関連	体現形から表現形への関連（関連する表現形）		Pride and prejudice（映画 : 2005）. 日本語	#42.6
	体現形と関連を有する個人・家族・団体	出版者	ジェネオン・ユニバーサル・エンターテイメント	#44.3

a. 動画資料（映画 Blu-ray）の体現形の属性の記録

#2.0 優先情報源

「#2.0.2.2.2 動画で構成される資料」を適用します。Blu-ray などは有形資料ですので，a）タイトル・フレームまたはタイトル・スクリーン，b）資料に印刷または貼付された，タイトルが表示されているラベル，c）資料刊行時の容器，または資料自体の一部として扱う付属資料，の順になります（#2.0.2.2.2A。タイトル・スクリーンは電子資料の場合）。これまで体現形の説明として入れ物という語を使用してきましたが，動画の場合は体現形の優先情報源は中身です。再生して，そこに表示されているタイトルなどをそのまま記録します[19]。ただし，通常の映画などではタイトル・フレーム（「その資料のタイトルなど，著作にかかわる情報が表示されている」（付録D用語解説））がないことが多いので，その場合にはラベル（盤面）などを使用することになります。

#2.1.3 タイトル関連情報

その資料が予告編であるにもかかわらず，そのことが本タイトルやタイトル関連情報からは判別できない場合には，予告編であることを示す語を補ってタイトル関連情報として記録します。

#2.15 機器種別，#2.16 キャリア種別，#2.17 数量

一般的には，機器種別は「ビデオ」，キャリア種別は「ビデオカセット」（VHSなど）か「ビデオディスク」（Blu-rayやDVD）となるでしょう。

表50　数量に用いる助数詞（動画資料の部分）

機器種別	キャリア種別	助数詞
ビデオ	ビデオカセット	巻
	ビデオディスク	枚

（「表2.17.0.2 数量に用いる助数詞」より抜粋）

数量は，「キャリア種別＋数＋助数詞」という構造となり，表の中から適切な語を選んで「ビデオディスク1枚」のように記録しま

19：ほかにも，図書のPDFを収録したCD-ROMの体現形の優先情報源はCD-ROMではなく中身のタイトル・ページである（#2.0.2.2.1）など，中身と入れ物として単純に区分するだけでは対応できない資料もあります。

すが，適宜追加して使用することも可能です。NCR2018では「VHS 1巻」という例が挙げられていますので，例えば「Blu-ray 1枚」のような表記もできると考えられます。

音声について，「#2.29.7 再生チャンネル」として「モノラル」「ステレオ」等を記録する規定がありますが，「録音を主な内容とする記述については，#2.29.1～#2.29.8 に従って，録音の方式，録音の手段，再生速度，音溝の特性，フィルムのトラック構成，テープのトラック構成，再生チャンネルおよび特定の再生仕様を記録する。」（#2.29.0.2 記録の方法）とあります。一般的な映画作品は録音をおもな内容としないので再生チャンネルは記録しないように思われますが，「#2.29.5 フィルムのトラック構成」ではサウンドトラック・フィルムの記録方法が規定されていますので，一般的なDVDなどにも適用できるのかも知れません。いずれにせよ識別または選択に重要な場合には録音の特性を記録するという任意追加があります（#2.29.0.2）ので，記録することは可能です。

#2.18 大きさ

Blu-rayやDVDのようなディスクは直径で，一般的には12 cmです。

ビデオカセットの場合はテープの幅をミリメートルの単位で記録しますので，VHSビデオは「13 mm」と記録することになります。NCR1987ではVHSのように方式の表示により明らかなときは省略していましたが，NCR2018でも大きさはコア・エレメントではありませんので記録しないことも可能です。

#2.31 ビデオの特性

#2.31.2 テレビ放送の標準方式

テレビ放送の映像信号の規格を表す語をNCR2018の表2.31.2から選びます。日本ではNTSCを採用していますので「NTSC」と記録します。ちなみに米国もNTSCですが，ヨーロッパではPALという規格を採用しています。

#2.32 デジタル・ファイルの特性

#2.32.5 リージョン・コード

再生できる地域を発行者が限定できるように設けられたコードです。日本は，DVDは「リージョン2」，Blu-rayは「リージョンA」です。なお，地域を限定しない「リージョンALL」（DVD）や「リージョン・フリー」（Blu-ray）もあります。

#2.38 利用制限

発行者が制限しているために，上映不可であるとか館外貸し出しができないなどの情報を，利用制限として記録します。

5．地図資料

NCR1987では地図帳は図書として扱っていましたが，NCR2018では地図資料となり，数量や大きさについても「#2.17.3 地図資料の数量」や「#2.18.1 地図等の大きさ」を適用します。

（1）地図資料の著作

表51　地図資料の著作データ

	エレメント名	サブエレメント名または関連指示子	データ	条項番号
属性	著作の優先タイトル＜著作のタイトル＞		市川市‖イチカワシ	#4.1
	著作の形式		地図	#4.3

	著作の日付		2019	#4.4
	著作の識別子			#4.9
典拠形アクセス・ポイント			昭文社‖ショウブンシャ．市川市‖イチカワシ	#22.1
関連	著作と関連を有する団体	地図製作者	昭文社‖ショウブンシャ	#44.1.1 A1

a. 地図資料の著作の属性の記録

#4.18 地図の座標

地図が対象とする区域を，経緯度，頂点座標，赤経・赤緯のいずれかで記録します。

b. 地図資料のアクセス・ポイントの構築

団体が編集するなどした地図著作については，その団体は創作者に該当しますので，団体に対する典拠形アクセス・ポイントと著作の優先名称との結合形とします。

（2）地図資料の表現形

表 52　地図資料の表現形データ

	エレメント名	サブエレメント名または関連指示子	データ	条項番号
属性	表現種別		地図	#5.1
	表現形の日付		2019	#5.2
	表現形の言語		日本語	#5.3
	表現形の識別子			

	色彩	多色	#5.17
	水平尺度＜尺度＞	1:15,000	#5.23.2
典拠形アクセス・ポイント		昭文社‖ショウブンシャ. 市川市‖イチカワシ. 地図	#23.1
関連	表現形から著作への関連	昭文社‖ショウブンシャ. 市川市‖イチカワシ	#42.2

a. 地図資料の表現形の属性の記録

#5.23 尺度

地図については水平尺度と垂直尺度があります。水平尺度は水平方向の縮尺の比です。垂直尺度は垂直方向の比で，立体的な三次元地図資料や，資料は二次元であっても三次元の内容を表した断面図などに使用します。記録する際は「1:15,000」のように比の形式で記録します。

#5.24 地図の投影法

「ランベルト正角円錐図法」のような投影法を記録します。特に一覧表などは用意されていません。

（3）地図資料の体現形

表 53　地図資料の体現形データ

	エレメント名	サブエレメント名または関連指示子	データ	条項番号
属性	本タイトル＜タイトル＞		市川市	#2.1.1
	本タイトルに関係する責任表示＜責任表示＞			
	版表示	版次	3 版	#2.3.1
	出版表示	出版地	東京	#2.5.1
		出版者	昭文社	#2.5.3
		出版日付	2020.10	#2.5.5
	著作権日付		©2019.7	#2.9
	シリーズ表示	シリーズの本タイトル	都市地図	#2.10.1
		サブシリーズの本タイトル	千葉県	#2.10.9
		サブシリーズ内番号	3	#2.10.16
	機器種別		機器不用	#2.15
	キャリア種別		シート	#2.16
	数量		地図 1 図	#2.17.3
	大きさ		90 × 61 cm（折りたたみ 22 × 10 cm）	#2.18.1
	体現形の識別子		ISBN978-4-398-96233-1	#2.34
	入手条件		1000円＋税	#2.35
アクセス・ポイント			[保留]	

関連	体現形から表現形への関連		昭文社‖ショウブンシャ．市川市‖イチカワシ．地図	#42.6
	体現形間の関連	上位（体現形）	都市地図．— 東京：昭文社，1969.9-	#43.3
	体現形と関連を有する個人・家族・団体	出版者	昭文社‖ショウブンシャ	#44.3

a.　地図資料の体現形の属性の記録

#2.1.3 タイトル関連情報

「本タイトルに対象地域および（または）主題（使用目的，地図の種類など）を示す情報が含まれていない場合，かつそれらの情報を含むタイトル関連情報が存在しない場合は，それらの情報を含む短い語句をタイトル関連情報として扱う。」（#2.1.3.1.1A）このとき，これらの情報を本タイトルと異なる情報源から採用した場合は，そのことがわかるようにコーディングや角がっこで括るなどして記録します（#2.1.3.2.3 説明的な語句の付加）。

#2.17 数量，#2.18 大きさ（シート状）

シート状の地図の数量は「#2.17.3 地図資料の数量」を適用し，「地図 2 図」のように記録します。

大きさは「#2.18.1 地図等の大きさ」で規定されています。「#2.18.0.2.1C シート」ではありません。NCR1987 では記録されている媒体であるシートなどの大きさを記録していましたが，NCR2018 では『英米目録規則第 2 版』や RDA と同じく，地図そのものの大きさに変更されています。

地図そのものの大きさを，縦×横 cm で記録します。さらに，折りたためる形状のものは折りたたんだシートの大きさを縦×横 cm で丸がっこに入れて付加します。外装があるものや，表紙になる部分があるものも同様です。

| 65 × 90 cm（折りたたみ 24 × 15 cm）

ケースに収納される場合の規定はありませんが，「#2.18.0.2.2 容器に収納された記述対象」（これは地図のための規定ではありません）では「記述対象が容器に収納されている場合に，識別または選択に重要なとき，または管理に必要なときは」キャリアの大きさと容器の大きさをともに記録するか，もしくは容器の大きさのみを記録することになっています。なお，容器の大きさは「高さ×幅×奥行」で記録します。

| 箱 21 × 21 × 14 cm

#2.17 数量，#2.18 大きさ（地図帳）

地図帳の場合は，数量は「#2.17.3 地図資料の数量」の「#2.17.3.1 地図帳」を適用して「地図帳 1 部（324 p）」のように記録し，大きさは「#2.18.0.2.1A 冊子」を適用して，図書のように通常は「22 cm」のように縦の長さをセンチメートルの単位に切り上げて記録します。

#2.24 レイアウト

1 枚のシートの両面に地図が印刷されている場合に「両面」と記録します。「片面」は記録しません。

Ⅲ部
これまでの目録規則の考え方とNCR2018

1章　NCR1987とそのデータ

1．目録とは

NCR1987が刊行された当時は，図書館の目録はカード目録が一般的でした。巻末には付録5としてカード記入例が掲載されています（図40）。

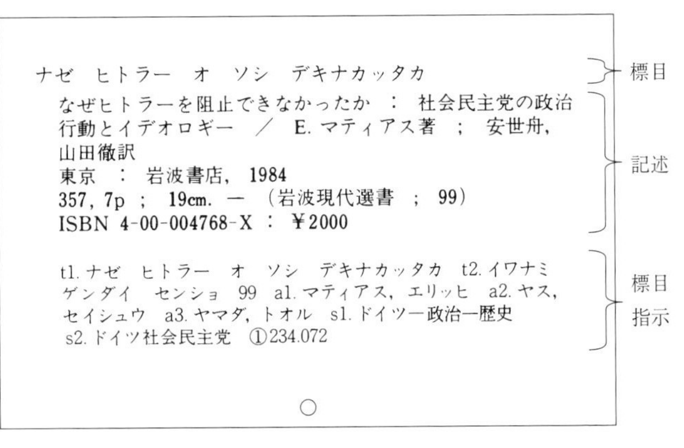
ナゼ　ヒトラー　オ　ソシ　デキナカッタカ
なぜヒトラーを阻止できなかったか　：　社会民主党の政治行動とイデオロギー　／　E. マティアス著　；　安世舟，山田徹訳
東京　：　岩波書店，1984
357，7p　；　19cm. ―　（岩波現代選書　；　99）
ISBN 4-00-004768-X　：　¥2000

t1. ナゼ　ヒトラー　オ　ソシ　デキナカッタカ　t2. イワナミ　ゲンダイ　センショ　99　a1. マティアス，エリッヒ　a2. ヤス，セイシュウ　a3. ヤマダ，トオル　s1. ドイツ―政治―歴史　s2. ドイツ社会民主党　①234.072

図40　目録カードの例（NCR1987）
（『日本目録規則　1987年版改訂3版』p. 398より加工）

（1）記述

原則として一枚の目録カードに一件の資料の特徴を表す情報を記録します。タイトルや責任表示，出版者などの情報です。この部分を記述といいます。

目録カードは，罫線があるものもありますが，通常の書類のような決められた情報を書き込む枠などはありません。そのため，記録する情報の内容はもちろん，その順番や他の情報との境界を示す区切り記号を決めておく必要がありました。これらについて記述が国際的に統一した形になるように，ISBD（「国際標準書誌記述」）が制定されています。

記録する内容と順番としては大まかに，タイトルと責任表示，版，資料特性，出版・頒布等，形態的記述，シリーズ，注記，標準番号と入手条件の八つのエリアがあります[20]。区切り記号としては，例えばタイトルと責任表示は「タイトル ／ 責任表示」のように，スペース，スラッシュ，スペースで区切る，出版地と出版者と出版年は「出版地 : 出版者, 出版年」のように区切る，など細かく決められています。

（2）標目

目録カードを探すためには，カードをあらかじめ意味のある順番に並べ替えておく必要があります。例えばタイトル順に並べ替えておけばタイトルで探せるようになります。そのための見出しを目録カードの上の部分に書き込みます。これを標目といい，タイトル，

20：後に内容形式とメディア種別のエリアが追加されました。

著者，件名，分類記号があります。これらを五十音順や数字の順に並べることで，目録カードを探すことができるようになります。逆に言うと，タイトル，著者，分類記号，件名標目からしか探すことができず，それ以外の例えば出版者や出版年などからは探すことができませんでした。

タイトルの順に並べたものをタイトル目録，著者名順に並べたものを著者目録，分類標目や件名標目の順に並べたものをそれぞれ分類目録，件名目録といいます。目録カードの下部には何を標目にするかを指示する標目指示も書き込んでいました。

(3) 典拠ファイル

標目のうち，著者と件名については，統制形を標目とします。これはある著者や主題を表すものとして，どのような語を使用するかを決めて統一するものです。例えば資料には著者として本名の夏目金之助と表記されていても，標目としては「夏目，漱石，1867-1916」（国立国会図書館）や「夏目，漱石（1867-1916）」（NACSIS-CAT）等に統一します。こうすることで，夏目漱石と夏目金之助の2か所を探さなくても，夏目漱石の作品を網羅的に探せるようになります。

逆に，同姓同名の人がいた場合には生没年や職業などを必ず付加して他の人と区別ができるようにしておき，目録カードを並べた時に別の人が同じところに並ばないようにします。

件名（主題）については件名標目表に基づいて主題を表す語を決定します。例えば，日本の料理に関する図書の主題としては「日本料理」（『国立国会図書館件名標目表』）や「料理（日本）」（『基本件名標目表第4版』）等を件名標目とします。

また，任意規定ですが統一タイトルというものもあります。これは無著者名古典，聖典，音楽作品について，同じ内容でもさまざまなタイトルが付されていることがあるので，統一した形を標目とするものです。例えば同じかぐや姫の物語でも，タイトルとして「かぐや姫」「竹取翁物語」などと表示されていることがありますが，NCR1987巻末付録4の「無著者名古典・聖典統一標目表」から，「竹取物語」という統一タイトルを標目とすることができます。

これらの統一した形を統一標目といいます。どのような形に統一するのかを管理するために典拠ファイルを作成しておき，統一標目を記録する際に確認します。典拠ファイルにはその形を採用した出典や，統一標目として採用しなかった名称からも探せるようにする参照などを記録します。

（4）所在記号

目録はその図書館にある資料を探すためのツールですから，目録で所蔵を確認したら現物資料にたどり着ける必要があります。その資料がどこに置かれているのかを示すのが所在記号と呼ばれる記号です。本の背に貼る請求記号ラベルと同じ情報を目録カードの左上の部分に書いておき，さらにその近くに排架場所などを示す記号を明記することで，これを手掛かりに現物資料にたどり着けるようになっています。なお，カードの左下の部分には登録番号や管理番号などの，その図書館で資料を管理するための番号も書き込んでいました。

（5）目録

このように，資料についての記述と，記述した目録カードを並べるための標目，およびその図書館におけるその資料の排架位置を示す所在記号を記録しておき，それぞれの標目ごとに目録カードを並べることでその図書館の所蔵資料を探すことができる目録が完成することになります。

2．部と章の構成

以上のような目録作業に対応して，NCR1987は全体が大きく三つの部に分かれていました。第Ⅰ部 記述，第Ⅱ部 標目，第Ⅲ部 排列，です。つまり資料の情報をカードに記録し，そのカードを並べる見出しを決め，実際に並べて図書館の所蔵が調べられる目録を作成するための規則だったことになります。

第Ⅰ部 記述の中は，第1章が記述総則となっていて，それ以降は第2章 図書，第3章 書写資料，第4章 地図資料，のように資料種別ごとに章が分けられています。第1章の総則には，すべての資料種別に関わる規則や原則がまとめられています。つまり，全体に関わる規則が第1章 記述総則に，それぞれの資料種別に特有の規則が第2章 図書以降にと分けて規定されています。

2章　カード目録からOPACへ

1．OPAC

NCR1987はもともとはカード目録を作成するための規則であり，オンライン目録や機械可読目録も視野に入れてはいるものの，基本的な考え方はカード目録を前提としています。しかしその後目録データをコンピューターのデータベースで管理することが一般的になりました。そのため，カード目録作成のための規則を使用してオンライン目録や機械可読目録を作成するために，システムにおいてさまざまな工夫がされています。図書館により，また使用するシステムの設計によりデータの構造や表示画面は異なりますが，ここでは国立国会図書館とCiNii Books（およびその元になっているNACSIS-CAT）のデータを例にしてその特徴を見てみましょう。

（1）記述と所在記号（書誌データと所蔵データ）

一枚の目録カードに記録していた記述および標目に関するデータと，所在記号や登録番号などの個々の資料に関するデータを分けて作成し，リンクを張って（関連付けて）います。これにより，同じ資料が複数ある場合に，書誌データを重複して作成する必要がなくなります。また，一つの書誌データにリンクされている所蔵データを一覧で表示すれば，同じ資料を所蔵している図書館や分館を確実に表示することができます（図 41，42）。

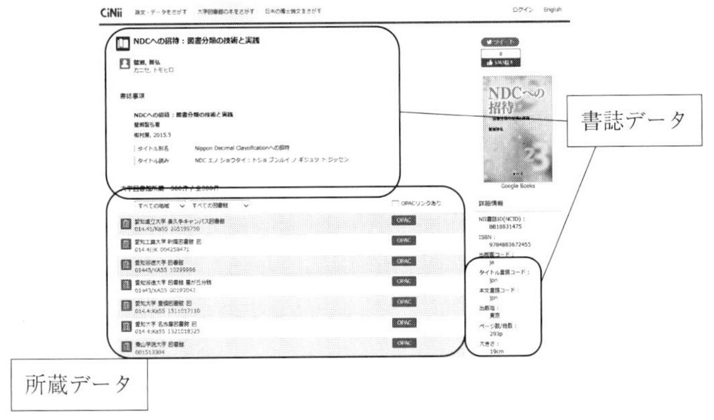

図 41　CiNii Books における書誌データと所蔵データ

（2）標目

目録カードを探すためにはあらかじめカードを一定の順に並べておく必要がありました。しかしデータベースを検索するためには格納されているレコードの順番は関係ありません。どのような順に格納されていても，随時検索条件に合致したレコードを取り出し，任意の順に並べて表示することができます。そのためカード目録のように「タイトル目録」「著者目録」などの複数の目録を作成しておく必要はありません。しかも検索対象となるデータも標目に限らず，出版者や出版地などの記述の部分でも検索することが可能です。その結果標目は，検索のためにあらかじめデータを並べるための見出しという役割はなくなり，特定の著者等が関係する資料および特定の主題を持つ資料を網羅的に検索するための，統一されたデータという位置付けになっています。

（3）典拠データ

統一標目を書誌データの標目形として入力しておくことで，資料に表示されている形にかかわらず，その著者等が関与した書誌データを網羅的に検索することが可能になりますが，その標目形についてどのような形に統一したのかを管理するための典拠ファイルをデータ化したのが典拠データです。

国立国会図書館では件名標目や統一タイトルなどとともに「Web NDL Authorities（国立国会図書館典拠データ検索・提供サービス）」で管理・公開されています。NACSIS-CATでは著者名典拠データや統一書名典拠データを作成していて，そのデータのIDを書誌データに入力することで典拠データとリンクが張られ，典拠データにある標目形をシステム的に取得して表示する仕組みになっています。そのため書誌データに標目形を手入力する必要はありませんが，IDを入力せずに標目形を直接入力することも認められています。ただしこの場合は書誌データと典拠データとのリンクは張られません。

2．入力・表示環境

目録カードでは，目録作成者が記録したカードを利用者もそのまま見ていました。つまり，記録する際のレイアウトとカードを利用する際に利用者が見るレイアウトは同じものでした。

しかし目録のデータをデータベースで管理するようになったことで，入力する際のレイアウトと入力されたデータを表示する際のものとはまったく別に設計することができるようになりました。

目録カード上でデータを区切るために必要だった区切り記号ですが，データベースにおいても入力することがあります。しかし，例えば出版地，出版者，出版年を個別のテキストボックスに入力するだけで，自動的にそれぞれの間の区切り記号を挿入してくれるシステムもあります。このような機能があれば区切り記号を手入力する必要はありません。

図 42　NDL ONLINE における書誌データと所蔵データ

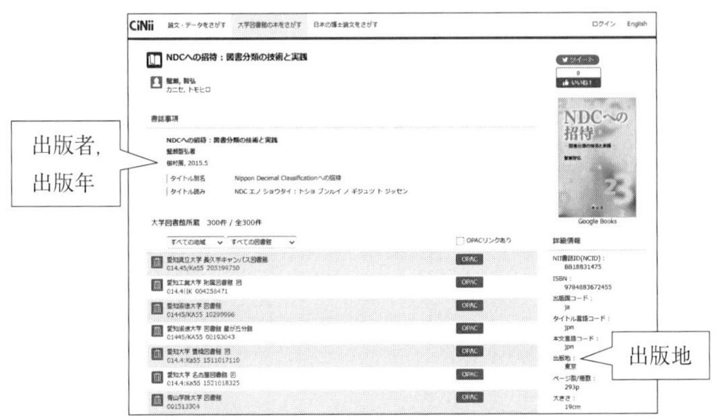

図 43　CiNii Booksの書誌データ

表示画面でも区切り記号がなくても済むようになっています。例えばNDL ONLINEでは，タイトルと責任表示は別の行に表示されます。そのため，これらを区切る記号は不要になっています。また，出版地と出版者は同じ行なので区切り記号が表示されていますが，これらと出版年月日等とは別の行ですので区切りは不要です。

CiNii Booksでもタイトルと責任表示は改行されて表示されますので，この間の区切り記号は不要です。出版事項については，出版地が出版者と出版年とは離れて，画面の右端に表示されています。そのため，出版地と出版者の間の区切り記号が必要なくなっています（図43）。

3．データの出力

OPACで表示されるレイアウトとは別に，個別のデータをダウンロードすることもできるようになっています。NDL ONLINEでは画面右上の「書誌情報をダウンロード」のアイコンをクリックすることで“tsv 形式”や“Bib TeX 形式”でダウンロードできます。また国立国会図書館サーチでは画面右下のメニューから，“DC-NDL (RDF)”や“JSON”でダウンロードすることができます（図 44）。

図 44　国立国会図書館サーチのダウンロードメニュー

CiNii Books でもメニューから“TSV”や“ISBD”で表示させて取得することができるほか，“RDF”や“JSON-LD”[21]でも表示・ダウンロードが可能です（図 45）。

```
-<rdf:RDF>
 -<rdf:Description rdf:about="https://ci.nii.ac.jp/ncid/BB18831475#entity">
    <rdf:type rdf:resource="http://purl.org/ontology/bibo/Book"/>
    <foaf:isPrimaryTopicOf rdf:resource="https://ci.nii.ac.jp/ncid/BB18831475.rdf"/>
    <dc:title>NDCへの招待：図書分類の技術と実践</dc:title>
    <dc:title xml:lang="ja-hrkt">NDC エノ ショウタイ：トショ ブンルイ ノ ギジュツ ト ジッセン</dc:title>
    <dcterms:alternative>Nippon Decimal Classificationへの招待</dcterms:alternative>
    <dc:creator>蟹瀬智弘著</dc:creator>
    <dc:publisher>樹村房</dc:publisher>
    <dc:language>jpn</dc:language>
    <dc:date>2015</dc:date>
    <foaf:topic rdf:resource="https://ci.nii.ac.jp/books/search?q=%E8%B3%87%E6%96%99%E5%88%86%E9%A1%9E%E6%B3%95" dc:title="資料分類法"/>
    <foaf:topic rdf:resource="https://ci.nii.ac.jp/books/search?q=%E5%8D%81%E9%80%B2%E5%88%86%E9%A1%9E%E6%B3%95" dc:title="十進分類法"/>
    <cinii:ncid>BB18831475</cinii:ncid>
    <dcterms:hasPart rdf:resource="urn:isbn:9784883672455"/>
    <dcterms:extent>293p</dcterms:extent>
    <cinii:size>19cm</cinii:size>
    <cinii:ownerCount>300</cinii:ownerCount>
    <prism:publicationDate>2015.5</prism:publicationDate>
    <cinii:note>参考文献: p258-259</cinii:note>
    <dc:subject>NDC8:014.4</dc:subject>
    <dc:subject>NDC9:014.4</dc:subject>
    <dc:subject>NDC9:014.45</dc:subject>
  </rdf:Description>
```


図45　CiNii Booksの書誌データのRDFフォーマット

実際のデータは情報量が多くて複雑なので，エレメントを記録する部分だけを簡略化して，XMLとJSONのデータを図にしてみました（図46，47）。表21の一覧と見比べてみてください。このようなデータを作成すると考えると，同じ内容のデータをXMLやJSONなどさまざまな形式で格納できること，NCR2018が目録やデータの形式を規定せず，「エレメントの記録の範囲と方法」のみを規定しているということがイメージしやすいのではないでしょうか。

21：詳細画面のURLの末尾に“.rdf”や“.json”を付け加えると取得できます。例えば図45はFirefoxで“https://ci.nii.ac.jp/ncid/BB18831475”を“https://ci.nii.ac.jp/ncid/BB18831475.rdf”にして表示したものです。

```
<本タイトル>自負と偏見</本タイトル>
<本タイトルに関係する責任表示>オースティン</責任表示>
<本タイトルに関係する責任表示>中野好夫訳</責任表示>
<出版表示>
    <出版地>東京</出版地>
    <出版者>新潮社</出版者>
    <出版日付>1997.7.30</出版日付>
</出版表示>
```

図 46　簡略な書誌データ（XML フォーマット）

```
{
    "本タイトル": "自負と偏見",
    "本タイトルに関係する責任表示": "オースティン",
    "本タイトルに関係する責任表示": "中野好夫訳",
    "出版表示": {
        "出版地": "東京",
        "出版者": "新潮社",
        "出版日付": "1997.7.30"
    }
}
```

図 47　簡略な書誌データ（JSON フォーマット）

3章　NCR1987からNCR2018へ

最後に，NCR1987とNCR2018との資料のとらえ方の違いと，それぞれの記述の規則のおもな相違を簡単にまとめておきます。両者の橋渡しになれば幸いです。

1．記述

NCR1987において資料に関する情報として一括して記録してきた情報を，OPACでは書誌データと所蔵データなどに分けて管理していますが，NCR2018ではさらに著作，表現形，体現形，個別資料の各実体の情報として記録します。例えば，挿図や参考文献は表現形の属性として，資料に表示されているタイトルやページ数，大きさ，出版事項は体現形の属性として，所在記号や和漢古書の虫損・書入れの情報は個別資料の属性として記録します。

2．標目

著者標目は，標目として記録する統制形を管理するための著者名典拠データに相当する情報を個人・家族・団体という実体を表すデータとして記録して，資料と関連を有する個人・家族・団体として関連付けます。

タイトル標目に相当するものは特に設定されていません。NCR2018の中では非統制形アクセス・ポイントに含まれますが，資料に表示されているタイトルをそのまま体現形の属性として記録するだけですので，アクセス・ポイントとしての特段の規則は設けられていません。それぞれの目録システムでタイトルから検索できるように設計することになります。

分類標目と件名標目は，著作と関連を有する概念・物・出来事・場所として，その典拠形アクセス・ポイントを記録すると考えられますが，規則はまだできていません。実際には引き続き分類記号や件名標目を使用して実体のデータを記録し，著作と関連付けることになると思われます。

統一タイトルは著作の優先タイトルになりました。NCR1987では無著者名古典，聖典，音楽作品で使用できる任意規定でしたが，NCR2018ではすべての資料について著作のデータを記録します。統制形を管理するための典拠データに相当する情報を著作という実体の情報として記録して，表現形と関連付けます。

表54 NCR1987とNCR2018（体現形の属性）のおもな記述の違い

項目	事項	NCR1987	NCR2018
補記		[　] で括る	その旨がわかる方法を選択する（注記，コーディング，角がっこなど）
責任表示	同じ役割の責任表示	2まではそのまま記録し，3以上ある場合は1のみ記録して残りは [ほか] として省略する	全員記録する
	役割，肩書を示す語	省略する	そのまま記録する
出版地	市名	「市」は記録しない（例：武蔵野） 上位の名称は付加しない（例：武蔵野）	「市」も記録する（例：武蔵野市） 上位の名称が表示されていたら付加する（例：武蔵野市（東京都））
出版者	株式会社	省略する	そのまま記録する
出版日付		年のみ	年月日まで記録する
著作権表示		出版年も頒布年も不明なときに記録する	独立したエレメント
	記号	「c」（例：c1987）	「©」（例：©1987）
図書	ページ付けのローマ数字	アラビア数字にする	ローマ数字のまま
雑誌	優先情報源	表紙，標題紙，背，奥付	タイトル・ページ
地図資料	大きさ	紙などの媒体の大きさ	地図そのものの大きさ
録音資料	カセットテープの大きさ	省略する	横×縦，テープの幅
映像資料	VHSの大きさ	省略する	テープの幅

参考文献

IFLA 書誌レコード機能要件研究グループ；和中幹雄ほか訳．書誌レコードの機能要件．日本図書館協会，2004，121 p.

国立国会図書館．NDL ONLINE．https://ndlonline.ndl.go.jp/#!/

国立国会図書館．Web NDL Authorities．https://id.ndl.go.jp/auth/ndla

国立情報学研究所．CiNii Books．https://ci.nii.ac.jp/books/

日本図書館協会目録委員会編．日本目録規則．2018 年版，日本図書館協会，2018，761p.

日本図書館協会目録委員会編．日本目録規則．2018 年版，日本図書館協会，2018．https://www.jla.or.jp/committees/mokuroku/ncr2018/tabid/787/Default.aspx

American Library Association, Canadian Federation of Library Associations, and CILIP: Chartered Institute of Library and Information Professionals. RDA Toolkit. https://access.rdatoolkit.org/

Bassett, Lindsay. Introduction to JavaScript object notation: a To-the-Point guide to JSON. O'Reilly, ©2015, 111 p.

International Federation of Library Associations and Institutions. ISBD Review Group, International Federation of Library Associations and Institutions. Section on Cataloguing Standing Committee. ISBD: International Standard Bibliographic Description. Consolidated ed. De Gruyter Saur, c2011

付録：NCR2018の全体目次

序説

第1部 総説

第0章 総説

#0.1 本規則の目的

#0.2 他の標準・規則との関係

#0.3 本規則が依拠する概念モデル

#0.4 目録の機能

#0.5 本規則の概要

#0.6 本規則の構成

#0.7 別法と任意規定

#0.8 例示

#0.9 言語・文字種

第2部 属性

＜属性の記録＞

セクション1 属性総則

第1章 属性総則

#1.1 記録の目的

#1.2 記録の範囲

#1.3 記述対象

#1.4 刊行方式

#1.5 書誌階層構造と記述のタイプ

#1.6 識別の基盤

#1.7 新規の記述を必要とする変化

#1.8 情報源

＜#1.9～#1.13 記録の方法＞

#1.9 記録の方法

#1.10 転記

#1.11 統制形の記録

#1.12 読みの記録

#1.13 注記

セクション 2 著作、表現形、体現形、個別資料

第 2 章 体現形

#2.0 通則

#2.1 タイトル

#2.2 責任表示

#2.3 版表示

#2.4 順序表示

＜#2.5～#2.9 出版表示、制作表示等＞

#2.5 出版表示

#2.6 頒布表示

#2.7 製作表示

#2.8 非刊行物の制作表示

#2.9 著作権日付

#2.10 シリーズ表示

#2.11 下位レベルの記録

#2.12 刊行方式

#2.13 刊行頻度

＜#2.14～#2.33 キャリアに関する情報＞

#2.14 キャリアに関する情報

＜#2.15～#2.33 キャリアに関する情報のエレメント＞

#2.15 機器種別

#2.16 キャリア種別

#2.17 数量

#2.18 大きさ

#3.3 アクセス制限
#3.4 利用制限
#3.5 個別資料の識別子
#3.6 個別資料に関する注記
#3.7 個別資料のキャリアに関する注記

第4章 著作
#4.0 通則
<#4.1～#4.2 著作のタイトル>
#4.1 著作の優先タイトル
#4.2 著作の異形タイトル
<#4.3～#4.7 タイトル以外の識別要素>
#4.3 著作の形式
#4.4 著作の日付
#4.5 著作の成立場所
#4.6 責任刊行者
#4.7 著作のその他の特性
<#4.8～#4.12 説明・管理要素>
#4.8 著作の履歴
#4.9 著作の識別子
#4.10 確定状況
#4.11 出典
#4.12 データ作成者の注記
<#4.13～#4.14 各種の著作>
#4.13 法令等
#4.14 音楽作品
#4.15 著作の内容に関する記録
<#4.16～#4.23 著作の内容のエレメント>
#4.16 内容の性質

#5.16 付加的内容
#5.17 色彩
#5.18 音声
#5.19 画面アスペクト比
#5.20 楽譜の形式
#5.21 音楽の演奏手段
#5.22 所要時間
#5.23 尺度
#5.24 地図の投影法
#5.25 地図のその他の詳細
#5.26 賞
#5.27 表現形に関する注記

セクション 3 個人・家族・団体
第 6 章 個人
#6.0 通則
＜#6.1～#6.2 個人の名称＞
#6.1 個人の優先名称
#6.2 個人の異形名称
＜#6.3～#6.8 名称以外の識別要素＞
#6.3 個人と結びつく日付
#6.4 称号
#6.5 活動分野
#6.6 職業
#6.7 展開形
#6.8 その他の識別要素
＜#6.9～#6.24 説明・管理要素＞
#6.9 性別
#6.10 出生地

#6.11 死没地
#6.12 個人と結びつく国
#6.13 居住地等
#6.14 アドレス
#6.15 所属
#6.16 個人の言語
#6.17 略歴
#6.18 個人の識別子
#6.19 使用範囲
#6.20 使用期間
#6.21 確定状況
#6.22 名称未判別標示
#6.23 出典
#6.24 データ作成者の注記

第7章 家族

#7.0 通則

＜#7.1～#7.2 家族の名称＞

#7.1 家族の優先名称
#7.2 家族の異形名称

＜#7.3～#7.6 名称以外の識別要素＞

#7.3 家族のタイプ
#7.4 家族と結びつく日付
#7.5 家族と結びつく場所
#7.6 家族の著名な構成員

＜#7.7～#7.14 説明・管理要素＞

#7.7 世襲の称号
#7.8 家族の言語
#7.9 家族の歴史

#7.10 家族の識別子

#7.11 使用範囲

#7.12 確定状況

#7.13 出典

#7.14 データ作成者の注記

第 8 章 団体

#8.0 通則

＜#8.1～#8.2 団体の名称＞

#8.1 団体の優先名称

#8.2 団体の異形名称

＜#8.3～#8.7 名称以外の識別要素＞

#8.3 団体と結びつく場所

#8.4 関係団体

#8.5 団体と結びつく日付

#8.6 会議、大会、集会等の回次

#8.7 その他の識別要素

＜#8.8～#8.16 説明・管理要素＞

#8.8 団体の言語

#8.9 アドレス

#8.10 活動分野

#8.11 沿革

#8.12 団体の識別子

#8.13 使用範囲

#8.14 確定状況

#8.15 出典

#8.16 データ作成者の注記

セクション4 概念、物、出来事、場所

第9章 概念（保留）

第10章 物（保留）

第11章 出来事（保留）

第12章 場所

#12.0 通則

＜#12.1～#12.2 場所の名称＞

#12.1 場所の優先名称

#12.2 場所の異形名称

＜#12.3～ 説明・管理要素＞（以下保留）

＜アクセス・ポイントの構築＞

セクション5 アクセス・ポイント

第21章 アクセス・ポイントの構築総則

第22章 著作

第23章 表現形

第24章 体現形（保留）

第25章 個別資料（保留）

第26章 個人

第27章 家族

第28章 団体

第29章 概念（保留）

第30章 物（保留）

第31章 出来事（保留）

第32章 場所（保留）

第3部 関連

セクション6 関連総則

第41章 関連総則

セクション 7 資料に関する関連

第 42 章 資料に関する基本的関連

第 43 章 資料に関するその他の関連

第 44 章 資料と個人・家族・団体との関連

第 45 章 資料と主題との関連（保留）

セクション 8 その他の関連

第 46 章 個人・家族・団体の間の関連

第 47 章 主題間の関連（保留）

付録

A.1 片仮名記録法

A.2 大文字使用法

A.3 略語使用法

B.1 語彙のリストの用語

B.2 三次元資料の種類を示す用語と用いる助数詞（追加分）

C.1 関連指示子：資料に関するその他の関連

C.2 関連指示子：資料と個人・家族・団体との関連

C.3 関連指示子：資料と主題との関連（保留）

C.4 関連指示子：個人・家族・団体の間の関連

C.5 関連指示子：主題間の関連（保留）

D 用語解説

索引

著者プロフィール

蟹瀬 智弘（かにせ・ともひろ）

1960年生　慶應義塾大学大学院修士課程修了　社会学修士
藤女子大学 図書館情報学課程教授（特別任用教員）
（株）紀伊國屋書店LS人材開発部等を経て，2021年4月より現職
日本図書館協会分類委員会委員（2017～）
著書に『RDA入門』（共著，日本図書館協会，2014），『NDCへの招待』（樹村房，2015），『やさしく詳しいNACSIS-CAT』（樹村房，2017），『情報資源組織論及び演習』（共著，学文社，2020），『三訂 情報資源組織演習』（共著，樹村房，2021）

NCR2018の要点解説
資源の記述のための目録規則

2023年9月7日　初版第1刷発行

検印廃止

著　者　蟹瀬智弘
発行者　大塚栄一

発行所　株式会社 樹村房
〒112-0002
東京都文京区小石川5丁目11番7号
電話　03-3868-7321
FAX　03-6801-5202
https://www.jusonbo.co.jp/
振替口座　00190-3-93169

組版・印刷／美研プリンティング株式会社
製本／有限会社愛千製本所

ISBN978-4-88367-383-4
乱丁・落丁本は小社にてお取り替えいたします。